Private
energy
&
Educational
reform

民活と教育改革

大橋　博

学文社

民活と教育改革

目　　次

序章　本研究の目的と方法 ……………………………………1

　第1節　研究の背景……………………………………………1
　　1　明治維新による教育制度の改革と確立　　1
　　2　敗戦からの教育改革　　4
　　3　教育の量的拡大と病理現象の出現　　8
　　4　政府主導の教育改革の限界　　10
　　5　アメリカの教育改革　　13
　　6　アメリカのチャータースクール　　16
　　7　民間活力の導入　　19
　第2節　先行研究 ……………………………………………21
　第3節　研究の目的と意義 …………………………………24
　　1　教育現場の生の声　　24
　　2　「日本型チャータースクール」の意義　　26
　第4節　研究の方法 …………………………………………28
　　1　研究の方法　　28
　　2　調査の対象　　30
　　3　調査に用いた質問項目　　37

第1章　公立学校の現状に対する各関係者の意識 ……………………41

第1節　児童・生徒による評価 ………………………………………41
1　自分の通う（あるいは通っていた）公立の小・中・高校についての評価　42
2　学校教育の現状と問題についての評価　51
第2節　保護者ならびに企業経営者による評価 ………………55
第3節　教員，校長および指導主事による評価 …………………59
第4節　本章の考察 ……………………………………………………64
1　生徒について　64
2　保護者および企業経営者について　65
3　教員，校長および指導主事について　65

第2章　「新しい学校」のあり方に関する各関係者の意識
………………………………………………………………………67

第1節　児童・生徒による評価 ………………………………………68
第2節　保護者および企業経営者による評価 …………………75
第3節　教員，校長および指導主事による評価 …………………84
第4節　本章の考察 ……………………………………………………93
1　生徒について　93
2　保護者および企業経営者について　94
3　教員，校長および指導主事について　95

第3章　アメリカのチャータースクールに関するわが国の教育関係者の受容度……96

第1節　児童・生徒による評価……96
第2節　保護者および企業経営者による評価……99
  1　アメリカのチャータースクールの設立に伴う条件について　99
  2　アメリカにあるチャータースクールの一例について考える　104
第3節　教員，校長および指導主事による評価……105
第4節　本章の考察……111
  1　生徒について　111
  2　保護者および企業経営者について　112
  3　教員，校長および指導主事について　112

第4章　「日本型チャータースクール」の構想……114

第1節　学校教育の問題点と自己改革への障害……114
  1　教育問題の将来と教育改革　114
  2　学校教育の現状認識　119
  3　公私協力方式による新しい学校　121
第2節　学校設置……124
  1　学校の総称　124
  2　設立の目的　124
  3　設置母体　126
  4　理事会　130

5　校　区　132
    第3節　ISの認可と取消し………………………………136
           1　ISの認可　136
           2　ISの認可条件　136
           3　ISへの転化　140
           4　ISのモニター制度　144
           5　ISの再認可審査　145
           6　ISの取消し　145
    第4節　ISの教育…………………………………………149
           1　教育目的，目標の開示　149
           2　ISの入学　150
           3　ISのカリキュラム　155
           4　ISの教材　160
           5　ISの評価法　161
    第5節　ISの人事…………………………………………164
           1　ISの校長　164
           2　ISの教員　168
           3　ISの給与　170
           4　ISの退職金　173
    第6節　公費助成…………………………………………176
           1　校地・校舎　176
           2　創設費助成　180
           3　経常経費助成　183
           4　会計処理　184
           5　ISの授業料　185
    第7節　「日本型チャータースクール」の構想…………187

参考文献	…………………………………………………………192
資料1	NPO ……………………………………………………195
資料2	この研究のために実施した3つの調査の質問紙 …………197
あとがき	…………………………………………………………223
索引	………………………………………………………………225

序章

本研究の目的と方法

第1節　研究の背景

1　明治維新による教育制度の改革と確立

　わが国の近代教育制度の歴史は，そのまま制度改革の歴史であるといってよい[1)]。明治維新は革命と位置付けてよいほどの政治体制の変化を産み出した。216年にわたる鎖国の眠りから覚めた新政府は，この間の遅れを取り戻すため全力疾走ともいえる勢いで，列国に追いつくための施策を次つぎと打ち出した。

　江戸時代の教育をみると，300余の藩がそれぞれ独自に運営していた藩校はもちろんのこと，寺小屋をとっても草の根的強靱さで地域住民の間に根ざし，千差万別の教育形態をとり，地域分権そのものであったといえよう。ところが明治政府はそれを根底からくつがえす大改革を行ったのである。1872年に公布された「学制」は，明治政府の最重要施策のひとつとして施行され，そこには将来のわが国の教育行政の根幹となるべき理念が明確にみられている。

　この新しい教育制度は，全国的規模で一斉に導入され，中央政府の強力な指導のもと，巨大な学校システム構築へのスタートが切られた。小・中・大と続く一大ピラミッド構造の学校群は，全国を8大学区に，その各々を32中学区に，さらにそれぞれの中学区を210小学区に分けるもので，その結果，8大学校，256中学校，53,760小学校が産れた。過去の教育制度とは大きく性質が異なった上，十分に機能できるだけの準備期間もないまま，見切り発車といえる

大改革への着手であった。無から有を築き上げるのだから、その後は当然、「スタートと同時に改革の歴史が始まった」といえるほどの改革の連続であった。

　教育の責任は国家が負うべき、との理論から「統制」的制度運用が出現することになる。これによって教育内容はもちろんのこと、教科書そして教師の資格に至るまで各種の「令」に基づき統制が行われた。画一化と標準化が優先され、効率的な教育が追及された。これは単に教育の内容だけでなく、教育の場である学校においても教室の広さに至るまで、全国共通の基準がこと細かに作成された。

　新政府の教育にかける意気込みは甚だ強く、兵役、納税とともに国民の三大義務と位置付けられた。誰もが教育を受けねばならない、という考えが成立した。かように制度はスタートしたものの、与えられた翻訳教科書はあまりにも現実社会とかけはなれたものと映り、その上、民費負担が加わった。そのため寺子屋と教育形態は変わらなかったにもかかわらず、新設の小学校には子どもを通学させず、今まで通り寺子屋にという家庭もあり、時には学校閉鎖に至る事例もみられた。

　ここで、明治の教育改革で特筆すべき田中不二麻呂、森有礼の2人に眼を向けてみたい。強制と統制という言葉に表現される明治の教育の中において、田中はこれとまったく異なるアメリカ式自由教育の導入を図る改革を試みた。一方、森は反動といえる、より強固な統制教育体制の確立に向けての改革を行ったのである。「学制」そのものが、まだ十分に周知徹底されていない明治12（1879）年に田中不二麻呂が日本教育史の中に登場する。中央集権の下で強制力の強い「学制」と正反対の考えが盛り込まれた「教育令」が田中によって制定されることになる。国家の干渉は、文部省よりある程度の基準を示す範囲内にとどめ、あとは国民の自主的判断や選択を尊重し、自然発生的に湧出する民衆の考えや力で、国民の教育の発展を期待するという考え方である。教育の

世界にあって，1872年に始まったばかりの中央集権型から地方分権型への方向転換がなされた。その中心となる考え方は，① 小学校の設置ならびにその後の運営は地域住民の工夫・努力に委ねる，② 中等教育と高等教育については，教育を私学の手に委ねる，の2点であった。これが「自由教育令」と呼ばれるゆえんである。

　130年経った今日といえども，この理念には魅力を感じさせるものがある。もっとも，当時の日本では，一朝一夕には受け入れがたいものであった。この立案は教育顧問であったアメリカ人，ディビッド・マレーとの共同作業によるものであった。しかし，田中がこのように斬新な制度を導入した努力も及ばず，アメリカの民意と大きな差のある日本において，当時の政府の中心にいた人々を納得させるには至らなかった。その結果，民衆の創意工夫に期待をかける教育制度が，はたして富国強兵策の一翼を担うにふさわしく，迅速に実績をあげうるものかという不安と，当時活発化してきた自由民権運動と思想的に類似するとの危惧から，1年後には，田中は職を解かれることになり，「教育令」も元の中央集権的教育的制度に逆戻りすることになった。

　自由と選択中心の田中の構想は，天皇中心の仁義忠孝，君臣父子の思想を中心に据えた国家形成をめざす時代の潮流にあっては，学校制度として到底受け入れられないとみなされた。もっとも，小学校ごとに公選の学務委員をおくという「自由教育令」の制度が，ずっと後の1948年に各都道府県と市町村に公選制の教育委員をおく制度となって実現の日の目を再びみることになったのを看過してはならない。

　江戸幕府の硬直した政策の中，耐える事のみを強いられてきた民衆が，従来の枠から解放され，自由闊達な雰囲気の中で，真に国の将来を考えたアメリカ型の教育制度導入の試みがなされ，民意による教育発展策がすでに明治初年に議論されていたことをわれわれはけっして忘れてはならない。

　「自由教育令」のずっと後の1945年に，第二次世界大戦の敗戦下で行われる

改革までの日本の教育制度の骨格を作った人物がいる。1885年初代文部大臣の職についた森有礼である。彼は、文部行政の基本理念を「忠君愛国精神の養成」に据えた。明治19（1886）年、一大ピラミッド型の教育制度の底辺となる小学校の確立を目指して、「小学校令」およびその優秀な指導者養成のための「師範学校令」を定めた。

　しかし政府は、規制づくめの制度を設ける一方、その実際の運営の責任は小さく区分けされた地域にまかせた。江戸時代につちかわれた郷土愛と、それにしぼられる民衆の心理をたくみに利用したのだ。地域間の競争心、さらに人々の身分制度からの解放が、社会的地位の上昇志向による家族の代表としての競争心とあいまって、徐々にこの制度を確立させた。さらに教育＝競争の意識が中心的な位置を占めるようになる。ここから誕生した教育の主なる目的は、当然のことながら高学歴・高収入を得ること、となった。これは130年余りを経た今日も日本の教育の根幹に位置し、常に教育改革の重要テーマとして取り上げられている。

2　敗戦からの教育改革

　次に、日本の教育史に残る大改革として、第二次世界大戦の敗戦によるアメリカ型教育制度の導入があげられる。「アメリカ教育使節団」を中心とした指導のもと、総理大臣直属の審議会である「教育刷新委員会」（1946年）により、改革の方向性が示された。この新しい制度の基本理念は、平等と自由という、それまでの日本の考えとは正反対のものであった。日本国憲法は、過去の軍国主義を完全に否定するもので、軍国主義により教育が海外侵略の人員づくりに利用されたという反省に立ち、公教育の見直しが最重要課題となった。教育勅語の失効、教育基本法の制定（1947年）、学校教育法（1947年）、それに教育行政を一般行政から独立させる教育委員会制度の導入を定めた教育委員会法（1948年）など、過去の教育法と制度が次つぎと刷新されていった。こうして、

国家が教育活動を締め付けるという，それまでの体制はいちじるしく後退する。また，学区制とともに1947年4月には新制中学校が発足し，ここに小・中学校合わせて9年間の義務教育がスタートすることになる。翌年4月には，新制高等学校，そして改革3年目にあたる1949年4月には，新制大学が発足した。こうして地方自治体が，教育の主体となり，その決定権も大幅に拡大された。わずか3年でそれまでの複線型の学校分類が単線型へと集約されたのである。

教育の地方分権化として，住民により選ばれた教育委員会が，文部省の束縛から脱して学校を運営するようになった点があげられる。また，学習指導要領は基準としておかれ，実際のカリキュラムについて，それぞれの学校それも教員に任される部分が大幅に増加した。とくに高等学校においては，同一学校のカリキュラムに普通教科と同時に職業教科が設けられて，その選択権は生徒に与えられるようになった。まさに今，高等学校改革の柱のひとつである総合学科そのものである。

明治の改革の中で取りあげた田中不二麻呂が「自由教育令」の中で実現をめざした教育理念や制度が，ここにきてアメリカ主導のもと再現されることになったといえよう。

しかし，明治における田中不二麻呂の改革が，翌年もろくも全面敗北といえる結果に終わったのと同様，戦後の改革も1952年春にアメリカによる管理の幕が下りると共に，その修正・改正の動きが始まる。

すでにその前年には「政令改正諮問委員会」が設置され，アメリカ主導の教育改革については「国情の異なる外国の諸制度を範とし，徒に理想を追うに急で，わが国の実状に即しないと思われるものも少なくなかった」と批判がされることになる。さらに「わが国の国力と国情に合し，真に教育効果を上げることができるような教育制度に改善する必要がある」と断定している。

これに基づき，1956年には，その制定よりわずか8年で，「教育委員会法」

が廃止され，かわって地方教育財政の組織および運営に関する法律（地方教育行政法）が制定される。教育委員は住民公選制に代わって，首長任命制となった。

さらに，都道府県の教育長は文部大臣の承認制にとって代わられ，ここに文部省の地方教育委員会に対する権限を行使しやすいタテ構造が復活することになる。教育委員の任命制や教育に関する予算案，それに条例案の原案送付権が首長に一元化されることで，地方行政においても首長部局からの教育委員会の独立性や専門性が大幅に弱体化することになる。たしかに驚くべき早さで戦後復興をなしえたわが国が，世界に冠たる経済大国へ歩む過程での高度経済成長優先の政策遂行には，中央集権的国家の確立が今一度必要と考えられたのは当然であったろう。

歴史の不思議さである。明治維新後の西欧列国に追いつけ追い越せで国家が一丸となったと同様に，敗戦国として戦勝国に追いつけ追い越せがここに再現された。戦時中の苦しい生活の中で耐えてきた人々が，精神的にも物質的にも自由と豊かさを謳歌し，今や「世界のリーダーとしての日本」の実現をめざす風潮の中で，何にもまして重要な改革理由として旧来の教育への復帰が取りあげられた。集団教育法と管理型教育は，その目的を達成するのに最良の手法であった。文部省（当時，現文部科学省）を中心にした強力なリーダーシップのもと，明治・大正・昭和と70年にわたり，日々構築されてきた教育制度に根づいていた「統制」が再び息を吹き返した。1886年に森有礼により作られたわが国の学校教育制度は，幾多の改革の変遷を経ながらも，揺らぐことのない骨格として存在していたのだ。これが教育の偉大さといえるのかもしれない。

国民性ともいえる勤勉さに支えられた競争の原理は，日本の教育になくてはならないものとして，再度国民に受け入れられたのである。同時に自由と選択の教育制度はあらゆる面で不効率でもあった。効率を求める政策は画一化や標準化を推し進め，後に教育問題を生む原因のひとつとなった。2度にわたる諸

外国からの制度導入による改革は，それぞれ異なる結果を生み出した。無から有を生み出すほどの明治の教育改革は慣れないものへの拒否反応も含め，改革，改革の連続であったが，それでも着実に日本の風土の中に根づいていった。それに比べ，終戦後の改革は最初の意図からみて，失敗といってよい結果に終わってしまった。

　確かに明治における，日本人の手による日本人のための教育改革では，当初の外国の教育理念や教育制度が見事に日本式に改造されたといえよう。それに比べ昭和の改革は，進駐軍とはいえ，自由を尊ぶ国アメリカが強権力によりわが国の過去までの体制を全面否定する方策をとらなかったことも，改革の不成功の大きな原因と考える。第二次世界大戦への突入に大きな役割を果たした天皇制の存続や，政府の中心に位置する人物が代わっても，旧来型の官僚機構がそのまま残された事などにその一例をみることができる。

　しかし，この旧来への回帰の中にあっても，それに流されることなく実現できた，千載一隅のチャンスもあったことを最後に注視しておきたい。それは自主・自律の学校運営の実現を目前にしていたことである。

　学校の自主・自律は，それを構成する教職員の自主・自律でもある。終戦まで続いた「統制」による教育行政の終焉とともに，自由と選択の国アメリカの理念に基づく制度が導入されたのは周知の通りである。学校で日々生活をともにする子どもたちにとって何が一番大切かと教師が考え，主張し，実践する機会が到来したのである。そんな雰囲気の中から日本教職員組合が 1947 年 6 月に結成された。そこで，①教職員の経済的・社会的地位の確保，②教育の民主化と研究の自由の獲得，③民主国家建設のための団結が綱領として掲げられる。また，教師としての倫理綱領も 1952 年の定期大会で採択された。

　しかし，その前年において初めて開催された教育研究全国集会（教研集会）では，その基本理念を「教育文化の問題を政治・経済その他の社会的な問題との関連に於いて把握する」としていることからもわかるように，教育現場とし

ての学校での教育そのものに主眼を置くよりも，もっぱら教師としての人権の確立や，労働者としての職場環境や待遇の改善に活動の方向が定められた。たしかに教育が「大日本帝国の野望」の実現に使われた反省もあったかも知れないが，同時に教育のいわば主体である教師の役割を今一度再確認し，統制や束縛の内にある学校運営の問題に真正面から取り組む必要があったのではなかろうか。

今日の教育荒廃の原因究明において，明文化できることはあまりにも少ないが，教師が原因の大きな比重を占めるのは疑いのないことである。

戦後の日本教育史において日教組の果たした役割については，悔やんでも悔やみきれないものがあるとあえていいたい。

3　教育の量的拡大と病理現象の出現

明治と戦後の二度にわたる大改革は，それぞれわが国の経済力の飛躍的な発展の原動力となったが，その反面，義務教育は「法的義務」の域を越えて，「半義務教育的感覚」を伴った高学歴社会の価値観へと突入し，幾多の問題を引き起こすことになる。公教育において一世紀以上にわたり量的な拡大が成された結果，義務教育を終えた生徒の97％以上が高校進学するという，世界に類をみない15歳児全員参加型進学現象がみられるようになり，高校卒業後においても，短大，大学のラインに加えて，高卒以上の資格取得をめざす若者の受け皿として誕生した専門学校が急成長を遂げ，こうして異常な高学歴志向社会へと突入する。

高学歴化は過当競争を産み出し，知識の取得が学校にとっても，また子どもにとっても，最大の使命となる。こうして「詰め込み教育」の言葉さえ生まれた。子どもたちの生活についても「学力アップ」がもっとも重要な基準となり，子ども社会に価値観・友人関係・生活時間など，あらゆる分野で大きな変化がもたらされた。

生活水準の向上は物質的豊かさをもたらすとともに，過大ともいえる消費を生み出した。子どもたちの進路についても，多様化が見られて当然なのに，世界に冠たる大国における進路選択の幅はどんどん狭くなっていった。高校入試・大学入試と，幾度にもわたる競争を好まない親は，中・高，ときには大学まで続く「エスカレーター式学校」に入学を希望するようになる。その結果，皮肉にも競争の早期化と，受験競争の過激化がもたらされることになった。また，公立学校受験における偏差値ベースの輪切り型志望校指定，それに学びたい分野や卒業後の職業選択などを軸とする大学の選択でなく，偏差値による大学受験がすべてという，誠に不自然な状況へと突入する。

　他方，もうひとつの教育の場である家庭にも大きな変化があらわれた。そのもっとも大きな変化は少子化である。戦前は子どもが3人，4人，5人というのはどこの家庭でも当たり前であった。働く両親にとって今ほどそれぞれの子どもにかける時間が少なかった。その分だけ親としての役割を必死で果たし，その中で子どもたちの社会も存在した。こうして子どもたちは多くのことを学ぶことができたのである。子どもは子どもなりに伝承された文化があり，おのずと知恵が与えられた。また我慢することや耐えることの必要性を知り，兄弟姉妹や友人との関係を通して，ある種の奉仕の精神も身についていった。

　少子社会は家庭や地域社会から子ども社会を奪い，学校においても本来の学校社会といえるものがなくなった。さまざまな年齢の子ども達で構成される子ども集団があってはじめて，社会と呼べる体系が整うものであり，何をするにも少人数である同一年齢といった集団はもはや社会的機能を果たさなくなる。

　少なく産んで大事に育てるといった時代の到来とともに「過保護」や「教育ママ」の言葉も生まれたが，これは母と子のみの狭い社会から生まれたといえよう。同時に数少ない子どもに我が老後を託す親たちは，子どもをまともに叱れなくなってしまったのである。家庭が教育の場でなくなり，本来家庭で行うべき教育の部分を学校に求める親の増加につれて，学校における教育の役割が

不明確になっていった。

　友人同志はもちろん，教師との関係においても自分の立ち振る舞いがわからない子どもがあふれることになる。ただでさえ社会性に欠けるといわれた学校を一層社会とかけ離れた規範で動く組織体に変化させたのである。

　当然のことながら，このような教育界に病巣は広がり，病んだ子どもたちが大量に出現する。初期の段階では非行・暴力などが教育問題の中心に取り上げられていた。それが今や，「学力劣等・素行不良」は必ずしも問題児・生徒にあてはまらなくなっている。周囲からみて，すぐに異常とわかる問題ではなくて，普通どこにもいる子どもがいつ異常な状態になっても不思議でないほど，複雑かつ多様な病理現象となってあらわれたのである。教育界，いや社会全体が，教育の目的・目標を見失っている間に，わが国の教育は重篤の域に達してしまったといえるだろう。

4　政府主導の教育改革の限界

　このような「病んだ教育」に，政府が決して無策できたわけでもない。教育の画一性や教育行政の硬直性に眼が向けられ，政策的に教育改革が唱えられはじめた。とくに中曽根総理時代に設置された臨時教育審議会に端を発する，国民総参加型の教育改革運動もなされた。

　臨時教育審議会は，1984年に総理大臣より「わが国に於ける社会の変化及び文化の発展に対応する教育の実現を期して各般に渡る施策に関し必要な改革を図るための基本的方策について」諮問を受け，以来3ヵ年間にわたり，90回にわたる総会と，その間に開かれた4部会，3委員会，2分科会において，①21世紀を展望した教育の在り方，②社会の教育諸機能の活性化，③初等中等教育の改革，そして，④高等教育の改革を中心に討議が繰り返された。

　もちろん，選ばれた委員間の意見交換のみにとどまることなく九州から北海道までの主要都市において14回もの公聴会が開催され，広く一般国民からも

意見聴取が行われた。また，海外教育制度の調査も7回を数えるに至った。アメリカ，ヨーロッパ諸国はもちろん，アジアにおいても4ヵ国を訪問し，各国の教育制度について細かく調査が行われた。その結果をふまえて教育改革の3原則が提示された。その1は個性重視，ゆとり，自由化という今後の教育の方向性である。その2は生涯学習の推進である。教育は学校で行い，卒業すれば終了するという既成概念を打ち破り，学校・地域・社会の連携の中で連続した学習が求められた。最後に国際化，情報化への対応である[2]。これは校内暴力の増加と，「いじめ」という新しいかたちの暴力の形態が出現してきた中での答申であった。

　時代の変化を捉えて，教育の選択の機会と自由を与え，競争の緩和を主眼とした答申は，まさに時宜を得たものと思われた。各マスコミも3年余にわたり，連日のごとく，これを取り上げ，「国家による教育力の回復か」といわれたことすらあったが，結果はどうだったろうか。それは失望の一言につき，かえって失敗の原因探しが以後の課題となった。細部にわたる検証はここでは省こう。ともあれ，この改革運動の目玉になった「自由化」論によって，明治初年から続いたわが国の「統制教育」に諸問題から焦点があてられた点は，高く評価するに値する。

　「自由化」論での提言のいくつかは，戦後の教育改革の基本理念や重要な改革の理念と一致している。それを考えると，40年を超える時が今までいたずらに費やされたことは，たとえ機が熟するために必要とはいえ，悔やまれる。口に出し，また行動する自由も与えられないまま，もがき苦しむ中で育っていった子どもたちの数の多さを忘れてはならない。

　このような線香花火的な教育改革運動と異なり，1952年に文部省（当時，現文部科学省）に設置され，今日まで継続されている教育諮問機関がある。それは中央教育審議会（中教審）である。教育，学術そして文化に関する基本的な重要施策について調査審議し，文部大臣に建議することをその任務としてい

る。当然，文部行政の政策形成に多大な影響を及ぼしてきたと考えられる。2000年はその第17期の期中にあり，2000年7月までに総会は233回を数えることとなる。この50年近い年月においてわが国を取り巻く国際情勢も大きく変化し，当然のごとく社会情勢も大変化を遂げた。

均質な労働者の育成を主眼とし，効率性を重視する画一教育は役目を終えようしている。文字で表現すればわずか数十字のことであるが，この間に発生した教育問題は数限りなく，またその度ごとに答申や提案によって膨大な量の意見が述べられた。臨時的や短期間のみ設置された委員などと異なり，絶えることなく継続性を第一として開催されてきた中教審は，文部大臣（当時，現文部科学大臣）が委任する20名近い委員で構成され，少なくともその時代，時代のトップクラスの学識経験者を集めたと考えられる。

しかし，いかに優れた頭脳を集めて討議・審議しようが，教育問題がその努力を超えて噴出しているのが現在のわが国の教育界といえよう。

教育問題のみならず，財政的にも再起不能とすら思われる多くの問題を抱え，構造不況業界が多発する世紀末にあって，今一度，国家規模での教育改革をめざした教育改革国民会議が，臨教審から実に16年後の2000年3月27日に設置された。

この会議の設置の趣旨は「21世紀を担う創造性の高い人材の育成を目指し，教育改革に遡って幅広く今後の教育の在り方について検討する」とある。これは3部会で構成され，第一部会は人間性，第二部会は学校教育，第三部会が創造性をもって名づけられた。2000年12月22日の最終報告をみると，教育を変える17の提案とあり，これを元に教育改革の具体的な動きを作り出すのが目的とある。

ここで，16年前に国を挙げてスタートした臨教審の答申と対比してみよう。教育改革国民会議の実に6項目がすでに臨教審で改革の重要項目としてあげられ，再度登場している。それらは，①家庭・地域の教育活動の重要性，②中

高一貫教育の推進，③開かれた学校と説明責任，④校長の独自性とリーダーシップ，⑤英語教育の重要性，そして，⑥情報活用能力の育成である。どの項目もわが国の重要課題ではあるが，臨教審から16年を経た今，再び教育改革の答申に課題として記述されたのは残念なことである。各種委員会や審議会がどんな答申をしようが，それを実行に移すにあたり，文部省の力の入れ具合あるいはそのスピードによって，実施に大きな差が出るのは当然である。また，委員会や審議会から教育現場である学校までの多重構造は，それに輪をかけて浸透を遅らせ，徹底の度合いが低くなる理由であろう。

　ここに政府主導の教育改革の限界をみることができる。紀元前における落書きの中にすでに「今の若者は嘆かわしい」との文字をみるだけあって，人間社会における若者の問題はいくら年を経てもなくなるものではないのかもしれない。しかしこの間にも多くの子どもたちが悩み苦しみもがきつつ，明日の光明を求めていることを考えると，単に「時代の繰り返し」ではすまされないものを強く感じるはずである。これまでの方法に限界を見いだすとともに，それに加える新しい教育改革の方法を模索すべき時期にきているのはまちがいないと確信する。ここでわが国のみならず世界の多くの国ぐにに，影響を与えてきたアメリカの教育改革について考えてみよう。

5　アメリカの教育改革

　わが国において，社会構造のさまざまな変化とともに，価値観も大きく変化した。すなわち社会教育力の衰退，核家族化，少子化，情報過多といったさまざまな事象に伴って，教育の基盤自体が揺らぎ，多発する教育問題に対処しきれなくなっている。これと同様に，アメリカにおいても教育が連邦政府自体にとって最重要課題となって久しい。国家の成立ちより，人種問題という複雑な構成要件を抱えたアメリカにおいては，教育問題への取り組みは，国民生活の変革に直結するものとなる。こうして一つひとつの問題の解決とともに，社会

の変化に伴って新たな問題が生みだされてゆく。たとえば，所得格差に根ざす学校区間の財政の不平等は，都市部における貧しいマイノリティ（黒人，ヒスパニック）の集中や，郊外における豊かな白人の増加といった，人種間の不平等問題を生み出している。

「強制バス」などは，この問題の解決方法のひとつとして導入されたが，そこにはこの問題の解決の難しさが浮き彫りにされている。これは，そもそも人種による居住パターンの違いからくる学校間の人種構成の不均衡を是正し，裁判所の定める学校の人種構成比率を達成するために採用されたもので，居住区域すなわち通学区域外の学校への「バス通学」である。その結果は，白人層の郊外への脱出となった。そこで，バス運行による行政上の財政負担が増し，非効率であるとの理由で，各地の裁判所でその見直しを求める動きが活発化している。すでにいくつかの州で，バス通学は廃止され，かわって住居に近い学校へ通う「近隣学校」制度が復活している。[3]

学校区間の格差は，「学校選択」の議論も引き起こした。これは通学する学校を決めるにあたって，より広範囲の選択肢を子どもや両親に与えるよう提唱されたものである。裕福な家庭は，私立学校への通学や，教育費の財源となる財産税が高い郊外の学校区へ転居することにより，自ら選択できる。しかし，このような方法がとれない人たちにとっては，居住地に基づき定められた学校区に通学させるしかない。制度的にはわが国と同じであっても，学校区間の格差は日本に比べていちじるしく大きいといえる。こんな人々にも学校選択ができるようにと考案されたのが，教育バウチャーである。

この制度では，①学校選択に私立学校も加えることで，独占状態である公教育に市場原理を導入して，公教育全体の質を向上する，②学校選択にあたり，両親が各学校について熟考することで，教育への関与が増大し，子どもの学習の進歩につながる，③理由の如何を問わず，親と子が主体的に選択する学校の方が子どもの能力は効果的に発揮される，などの期待がよせられてい

る。

　公立学校の教育費と同額のバウチャー（金券）が政府から両親に支給され，このバウチャーさえあれば，どの学校にも通学ができる。これは子どもや親に満足感を与えるとともに，生徒獲得のために学校が活発化するという狙いがある。

　もっとも，これが議会の議決を得て制度化されたのは，ウィスコンシン州とオハイオ州の２州だけである。1990年以降，30州以上の州議会に提案されたが，いずれも否決されている。否決の理由として，①バウチャー制は実質的には私立学校援助にすぎない，②反面，政府による私学規制につながる危険性がある，③政教分離原則の違反，それに，④入学にあたって生徒の選別を目的とする試験の問題，などがあげられている。

　バウチャー制にみられる市場原理の導入は，すでにマグネットスクールにも採用されていた。これは，公立学校内において，通学区を越える生徒を磁石のように引き付けようとする試みであり，通常の公立学校と一味違った教育プログラムと実践を行う学校を意味する。この学校の起源は，20世紀初頭に設立されたブロンクス科学学校（ニューヨーク），ローウエル・ハイスクール（サンフランシスコ）など，学校区全体をエリアとする特色学校にみられる。英才教育や特定の科目に重点を置いたり，多文化教育をはじめ，教育内容に特長をもたせたり，教育手法（シュタイナー，モンテッソーリ）や，校舎設計に差別化を見出すなど，公立学校には珍しい多様な学校づくりで生徒をひきつけている。学校全体をマグネット・スクールとするのはもちろん，学校の一部に特長をもたせるマグネット・プログラムもみられる。ただこの方式は，人種分離解消を目的として，マイノリティ生徒の比率の高い地区に設置し，白人生徒の入学を優先したため，すべての生徒に学校選択権が保証されないといった指摘もある。また，これらの学校は多額な資金と設備をもとに，優秀な生徒や教員を集めることとなり，不公平感も生み出された。

また，学校本来の主目的である人権分離解消についても，アメリカ教育省の調査によればマグネット・プログラムを有する学校の，42％は，マイノリティ生徒の孤立削減目標を明確にしておらず，多くはマイノリティ生徒数の増加を抑制するにすぎないとの指摘もある。単に教育の理念や手法，あるいは教育成果のみで，教育へ改革や評価ができないアメリカの苦悩がうかがい知れる。

6　アメリカのチャータースクール

　第二次世界大戦後のわが国の教育改革で主導的立場を務めたアメリカが，ある意味ではわが国以上に多くの教育問題を抱え，その解決に立ち向かっている姿は前項で述べた通りである。そのアメリカにおいて，2000年の大統領選挙のブッシュ，ゴア両候補者がそろって「2倍から3倍増やす」と言及した学校がある。チャータースクール（Charter School, 以下 CS）である。大統領選挙の公約に入るほど，この新しい学校はアメリカで注目を浴びている。この事実は CS が，公立学校改革の切り札的存在であることを示している。この学校の歴史を振り返ると，1991年6月ミネソタ州において全米初の CS 法が制定され，翌年第1号が誕生した。その後，各州で法制化の動きが活発になり，2000年5月で，36の州およびワシントン DC で CS 法が定められ，1,689の CS に 43万人の児童生徒が通っている。そもそもミネソタ州で全米初の CS 法が制定されるのには，素地があった。

　　ミネソタ州は当時，1970年代からの「マグネットスクール」やハイスクール3・4年生に大学の単位履修を認める「中等後オプション」，学校区外の学校選択を認める「入学の開放」など，きめ細かい配慮を施した学校選択制度で実績をあげており，教育関係者の間で学校選択の意義に対する理解が進んでいた。そして，従来の学校選択は十分なものではなく，より有効な選択制度が必要と考えた政策立案者，市民グループによって，CS法が推進されたのである。[4]

CS の語源は，1988 年，学校区組織の専門家で，教育コンサルタントであるレイ・バッドが書いた，「チャーターによる教育―学校区の再編」にあり，チャーターの概念は 1000 年以上前にさかのぼる。当時の探検家とスポンサーとの間に交わされた多種多様な契約の中でも，特に 17 世紀に英国人探検家ヘンリー・ハドソンがヨーロッパから北極海経由でアジアへ至る近道を探るために，東インド会社と交わしたチャーターは契約内容に疑義の無い例として有名である。内容は，①目的，②達成までの期限，③実績の実証，④資金計画などである。現代の新しい教育の探検家である学校設立置申請者と，学校区などのスポンサーの間で交わされる書面において，お互いの責任を明確化する，という意味で，チャーターという言葉が使用されたと考えられる。

　この学校制度の特長は，次の通りである。

　　①親，教師，地域住民の誰にとっても学校設立が可能である，②学力等，生徒の学習の向上に責任をもつ，③安全と保健・衛生の法以外は規制をうけることなく自由に学校運営ができる，④運営費に児童，生徒一人あたり定額の補助金が州から支給される，⑤公立なので入学者を差別することなく，授業料は徴収しない，⑥契約期間（3 年または 5 年）ごとに，契約を更新し，その時に規定に合致していなければ認可が取り消される，などがある[5]。

　これらを要約すると，①学校選択，②分権，③民営化の 3 つが基本理念としてあげられる。生徒や親をはじめとして，拘束された学校環境でもっと自由な教育活動を求める教師たち，それにありきたりの学校改革に限界を感じる親たちの，それぞれの思いが具現化された学校形態といえよう。バッドによれば，教育チャーターのサイクルは，①教育プログラムの構想，②チャーターの立案，③教授（instruction）の準備，④チャーターのもとでの教授，⑤観察および評価，の 5 段階からなる。最終段階（観察および評価）では，学校区内外の教育関係者で構成される評価委員会

が，チャーターのもとに実施された教育プログラムの実績評価を行い，①現行のままでのチャーター更新，②修正したうえでのチャーター更新，あるいは，③チャーターの終結，のいずれかを勧告する。

　1988年3月AFT（アメリカ教育連合）のシャンカー会長が，教員の権限強化に基づいた改革案支持の論評を行ったのが，チャーター方式による学校運営が全国的に注目を浴びるきっかけとなった。バッドへの提案が，プログラム単位のチャーターであったのに対し，シャンカーが学校全体に拡大したことでチャーターの拡大へ一気に弾みがつくこととなった。こうして新しい学校が誕生する道が開けたのである。

　もうひとつの大きな特長としては，地域住民，父母，教師だけでなく，既存の各種団体，中でも営利目的の民間会社にも学校設置者の枠を広げた点があげられる。もっとも実際には，この学校運営で大きな利益をあげている民間会社はまだない。それは，支給される補助金が実際に必要な運営費とほぼ等額で，余剰金が出るまでには至らないことによる。それでも，公立学校内に企業的発想すなわち，教職員研修や校内組織の大胆な改革，あるいは役職給や能力給などの導入により，今までにない学校環境を作り出し，応募する教員も増え，チャータの契約数も増加している。

　CSを，今まで述べてきた各種の教育改革の中で位置付けたのが次の図である。

　図の横軸において右にゆくほど「学校の自律性」は高くなる。教育行政指導の拘束がもっとも低いものから順に，「ホームスクーリング」と「私立学校」があげられ，「CS」はその後に続いている。「マグネットスクール」は「伝統的公立学校」とともに，「自律性」が低い。「教育バウチャー」はこれらの学校のどれにも「使用」でき，あらゆる選択肢にまたがっている。

　縦軸において上にゆくほど「学校の選択性」が高くなる。「教育バウチャー」

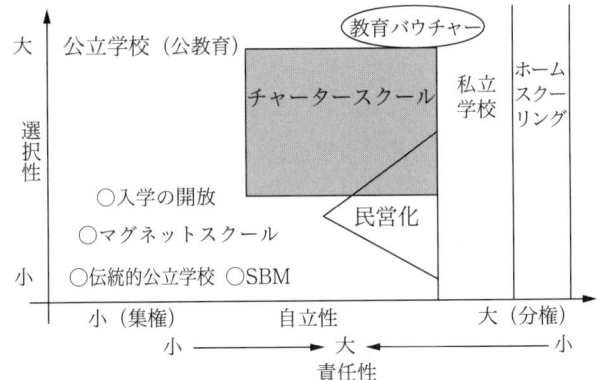

図序-1　公教育改革における CS の位置付け[6]

はどの学校にも使用できる関係上，もっとも高いといえる。「CS」は公立学校として差別がなく，授業料も徴収しない関係上，庶民にも通学が可能で，かつ校区の制限もなく，選択性は高いといってよい。「私立学校」も入学試験等で制限を受けながらも，生徒や親にとって選択性が高く，「ホームスクーリング」も高いといえる。「マグネットスクール」は記述のように，「伝統的公立学校」よりも選択性が高い。伝統的公立学校は選択性，自立性ともに低い。このように，「CS」は「自律性」と「選択性」の双方でバランスがとれているといえる。

7　民間活力の導入

わが国の明治維新以降の教育改革とその問題点及び，最近のアメリカの教育改革の事例をすでに述べた。アメリカで公立学校改革の方法として，もっとも注目を浴びている CS について，わが国への導入の方法を検討することは現在の公教育の状況を考えて，有意義といえるであろう。

明治・大正・昭和にわたり，わが国の学校制度に対して，複線的学校制度と単線的学校制度の変革がときどきに試みられた。しかし，初等中等教育で公立

学校が圧倒的な制度下では，制度の多様化はなしえても，教育手法や教育内容の多様化は，到底十分になしえたとはいえない。また，近代日本の中央集権的国家体制のもとでは，学校教育もかような形態をとらざるをえなかった。これが画一性や硬直性といった言葉で表現されるのである。

一方，この間に教育以外の分野では，社会の変化に対応して，新しい形態が続々誕生した。小売業をみてもスーパー，コンビニエンスストアー，テイクアウトフードの隆盛をみることができるし，各家庭へのサービスを対象とする分野にあっても，引越し業，ほか弁屋，ファミリーレストランなど，外注が今や不思議でなくなるまでの変化が起こっている。宿泊施設に至っては，旅籠，旅館といわれたものから，シティーホテル，リゾートホテル，カプセルホテルなど，消費者のさまざまな目的に応じる形態が誕生した。また，最近では目的追求をさらに進めて，「ある程度の環境で宿泊する」を第1条件におき，余分なサービスをすべて排除した超低料金設定のスーパーホテルと呼ばれるものも出現している。このように，目的，サービス，価格など多方面から顧客満足を追及する中で新形態の誕生が当然と思われる時代にあって，教室形態をみても，前に黒板があって，机・椅子はすべて黒板を向き，チョークと，決められた教科書をもつ先生が前に立つ集団授業方式が大部分という今の教育界は，わが国でももっとも立ち遅れた分野といえるのではなかろうか。

注目すべきは，既述の新業態はすべて民間の創意工夫から生まれた点である。確かに日本国有鉄道はJRと変わり，続々と新しいサービスを打ち出している。しかし，これも国有企業時代の天文学的数字にのぼる投資と，借入金の清算事業団による分離によって実現できたことで，一般企業では到底不可能な超優遇策のもとで実現したことを忘れてはならない。投資額に見合う収益率の確保は，どの分野でもあたりまえのことであるのに，行政においては「公益」の名のもとに，ほとんど無視されてきた。「民間企業では収益の出ないものをやること，つくることが行政サービスである」，ともいわれてきた。その結果

はどうであろうか。7ヵ年の国家予算にあたる国債がわが国で発行済みであり、予算に占める償還率が年々高くなると危惧されている。日本中のどの都道府県、市町村をみても同じ状態である。これは、掛けた金額に見合う結果を常にみる視点が無かったことの大きなツケといえる。今日までの予算案立案にあたっての公共事業の見直しをみても、公営事業の抱える問題の大きさは一目瞭然である。

例年と同額の公共投資予算の獲得という、官僚主義そのものの姿と、収益性からみても当然やるべきでない地方新幹線構想を次つぎと着工する愚行が繰り返されている。言葉だけの分権は、無駄な時間の積み重ねの繰り返しである。言葉遊びの時期は終わらねばならないところにきている。実践を通じてこそ、改善も改革も可能となるのである。

今こそ「国家百年の大計は教育にあり」の言葉の重要性と真実性を認め、公立学校改革に向けて民間活力の導入を図るべきである。さいわい、わが国の教育水準は世界に誇るものがあり、学校運営を実践するだけの知力や熱意、そしておのおのの教育活動に対する判断力や評価力も十分に兼ね備わっている、と確信する。すでに第4項で述べた通り、政府主義の教育改革に限界があるのは歴史の証明するところである。下からの改革が必要な中にあって民間活力の導入は不可避であろう。同時にそれを達成するにあたって、基本的に何が必要であるかを考えるべき時にきている。この視点から、教育改革への民間活力の導入の成功例といえるCSに焦点を当てながら、教育改革の研究例を以下にいくつかあげて考察する。

第2節　先行研究

第1節ではわが国の近代～現代教育の歴史、教育改革の必要性、それにアメリカの教育改革と、その中でもこれからの新しい公立学校のモデルとして注目

を浴びているCSについて述べた。ここでCSの研究に焦点をあてながら教育改革に関する研究について述べる。

1996年にジョー・ネイサンの「CS あなたも公立学校が創れる・…アメリカの教育改革」がわが国において大沼により翻訳紹介され、国内でもCSの研究がみられるようになった。

佐々木司はCS制度の概要を紹介し、また認可の実例をあげる中で、認可過程そのものが学校の教育目標・方針を明確にし、多様なアイデアを現実のものとすることにつながると指摘している[7]。

湯藤は実地調査によるケーススタディ中心の研究の中で、各州のCS法を比較し、その法的強制力の違い、および学区とCSの関係を述べるとともに、他の学校選択制度がCSの許認可・運営にいかなる影響を及ぼすか明らかにしている[8]。また、CSが生徒や父母の満足度を上げようとする中で必然的に学区から独立した運営となり、その結果学区が徐々にではあるがCSに対して支援的な態度にかわっていった事例を報告している[9]。さらに、CSと行政当局、ならびに児童・生徒や保護者との緊張関係など、高度の自律性を持つCSが必然的に直面する課題も指摘している[10]。

中島はアメリカのCS運動の流れを「公立学校の改善を求める下からの改革運動（bottomupreform）であると同時に上からの改革（topdownreform）でもある」ととらえている。「極端な教育の自由化による教育の市民コントロールが振興する一方で中央の関与が深まる」という2つの方向性を同時にもたらすCS法の州ごとの比較とスポンサーの機能の分析を行った上で、地方教育当局も学校管理から学校援助へとその機能を移行しながら、学校の運営を市民の手にゆだねてゆき、その一方でより大きな枠組みによる地方・連邦政府のコントロールが可能となるメカニズムについて明らかにしている。

わが国でCSの認知とともにCSに関する研究も増加しているが、まだまだCSのもつ特徴、いいかえるとその理論的構成要件の研究範囲にとどまってい

る。アメリカ国内のCS・学校選択に関する研究については，特に以下のものをあげる。

H. ベッカーらは，カリフォルニア州内のCSと近隣の比較校（従来の公立学校）を調査し，学校の教育に対して協力的な家族であるか否かが実質的に新しい選抜基準になっている面があると結論付けている。[11]

N. スコニヤーは，アメリカの公立学校について保護者の考えを調査した。その中で，①保護者の60％近くは1日の授業時間数が増えるのに反対で，通学日数が増えるのに賛成である，②通学日数が増えるのに賛成である保護者の60％は今までのように夏休みを長くとるよりも，数週間の休みを3回ないし4回に分けるのがよいと考えている，③授業料を払わなくてよいのなら，親の多くは公立よりも私立学校を選ぶといった興味深い調査結果がみられる。[12]

カナダ教員連合は，CSの急激な発展のかげで，一見して教育効果に裏付けがあるように思われるが，実際はそうではないものもあるとの観点に立って，CS運動に関わる人々を揺り動かしてきた「神話」について検証している。[13]

バーレーンらは各州のCS法を比較し，「強い（strong）」CS法にみられるこの要素を指摘している。[14]

一方，国内のさまざまな分野での教育改革に関する研究の中でも，とくに「日本型CS」に関係の深い，学校選択に関連する研究としては以下のものがあげられる。

黒崎はブローデルの資本主義と市場経済を識別する歴史理論をひきながら，両者の違いを自覚して学校選択を考えるか否かによって教育改革のあり方が左右されると述べている。また，通学地域の弾力化とCSという2つの学校選択のアプローチを比較して，前者は単純な市場原理の信奉に基づくもので，容易に資本主義社会の営利主義へと転化しうると指摘している。それに対して後者は「抑制と均衡」の原理に基づき，「教育行政・職業的教育者の側と親・子ども，時には市民を含む側との間にある力関係を変更させ，教育に関する決定権

限を分有させるために学校選択制度を活用しようとするものである」としている。[15]

　また本国は，アメリカでCS以前に登場したフリードマンのバウチャー制度，マグネットスクール，学区外学校選択，そしてCSの四者について市場的要因の観点から，どう論じられ，使い分けられてきたかを比較している。本国は「ポスト福祉国家政策」で，日本の教育行政および政策形成において，市場的要因の導入は検討に値すると結論付けている。[16]

第3節　研究の目的と意義

1　教育現場の生の声

　すでに「研究の背景」で述べた通り，これまでの教育改革は，もっぱら教育制度にその視点をおいていた。しかし，単に教育制度に眼を向けるだけなら，皮肉にもそこに子どもたちによる制度の破壊といった現状が横たわるのをみることになってしまう。高校生の登校拒否や中退から始まった学校からの逃避は，今や中学校，小学校と低年齢化してきた。

　たとえ「登校拒否」を「不登校」に表現を変えようとも，また適応指導教室に学校教育のベテラン教員を配置しようとも，一向に不登校の生徒の数が減る気配がみえない。文部省（当時）の「平成11年度の生活指導上の諸問題の現状について」の中では，不登校児童・生徒の数は130,208人とあり，前年度の127,692人に対し2％増となっている。また，かつては教育問題といえばすぐに校内暴力があげられたが，これ以外の問題が続発することにより，マスコミでの取り上げも少なくなっている。しかし，実態はまだまだ改善という言葉があてはまらない状態である。1999（平成11）年度の統計では，学校内暴力の発生件数は31,055件で前年比4.7％増しとなっている。過去最高の数字である。「ひと昔前は，不良学生が集団で暴力事件を起こすケースが多かった。今はさ

さいなことですぐカッとなり暴力を振るうという突発的なものが多くなり，また個人や少人数によるものが増えてきたということで，学校の暴力は内容的には様変わりしている」と報告の中にもある．むしろ危険な方向に進んでいるといった方がよいだろう．

　窓ガラスや設備などの器物を損壊するなどから，同級生や教員への暴力行為に移行し，今や何の関わりもない一般人に危害を加えるといった，社会を驚愕させる子どもの行動が増加の一途をたどっている．学校外暴力行為の発生も5,522件と報告されているが，これなどまったく氷山の一角の数字と捉えるべきであろう．

　こんな状況にもかかわらず，高校中退者数の増加は，アメリカに比べれば微々たるものであるとか，はたまた銃器類の持込みを防ぐために設けた金属探知機をくぐる生徒がいて，校内にポリスが常駐するアメリカの学校に比べると，日本の校内暴力など取るにたらないという声もある．国際学力テストでの日本の高得点をみて，それなりに教育成果を残しているではないか，という日本教育肯定論もある．このようなアメリカの教育との比較に間違いはないかもしれないが，そもそもアメリカのように典型的な多民族国家で，移民や不法入国で次つぎと増加する人々と，それとともに公用語の読み書きさえ不自由な人たちが増える国とは同じ基準で比較できない面がある．犯罪，その他の問題についても同じ基準で判断し，安心するには無理がある．

　世界に誇る治安の良さ，国民の学力水準の向上，さらには終身雇用による安定した人生設計などをこれまでわれわれは享受してきた．それが大きく崩れようとする今，単に教育制度だけでなく，教育現場そのものにもっと眼を向けるべきだと思う．そこにいる子どもたちの生の声を，またときには，外に出づらい子どもを抱えて悩んでいる家庭で，親の声を聞くことなども，真の教育改革への第一歩と考える．

　もちろん教育現場における教員，管理職である校長の声にも，もっと耳を傾

けるべきであろう。教育現場に近い教育委員会の指導主事についても,学校教育の中間管理職として,教育の現状と将来についての考えを生徒,そして親とともに分ち合ってもらいたいものである。政策立案者やそれに近い人々が教育改革を進める時代は終わったのではなかろうか。教育現場から始まる教育改革こそが,新しい世紀を迎えたわが国を再起させる原動力になると確信する。

2 「日本型チャータースクール」の意義

　中教審では,「教育の地方分権化を進め,学校が自ら意思決定できるような自主性・自立性をもつとともに,地域や家庭が学校運営に参画することを促進すべきだ」と提案している。この言葉を,教育現場の先生たちはどうとらえるのだろうか。自主性,自立性を尊重した学校運営ができると確信する教師はどれほどいるだろうか。地域や保護者の学校運営への参画について,いかなる型を想像することができるのか。過去何十年も「教育に素人は口出しせず,専門家である教師にまかせてくれ」との考えで,学校は運営されてきたはずである。ここにきて突然保護者も参加して,といわれてもとまどうのが正直なところではなかろうか。何であれ,行かねばならないから行く保護者会,いつも我が子の生活態度や成績についての注意ばかりで,帰り道が暗い気持ちになる学期末の三者懇談。学校との関わりは保護者にとって決して楽しいものではなかったはずだ。ましてや,学校の「運営」への参画など,想像さえしなかったのが現実であろう。こんな学校から,ある日突然のように「協力して」などといわれたからといって,すぐに協働の姿勢が生まれるとは信じがたい。しかし誰かが,どこかで始めなければ,前進もないし実現もできない。たしかに,今も日本中の学校や教育委員会で,地についた学校改善や教育改革が行われているのだろう。また,全生活を子どもたちとの活動にささげている多くの教師たちの存在にも感謝すべきである。しかし「どこかで誰かが」の時代は終わらなければならない。文部科学省主導の教育改革の必要性も,その価値も認めつつ,

学校現場の改革に勝るものはないと信じる。

　さいわいアメリカの公立学校改革の一手法としてCSの存在がある。大統領選挙において2人の候補者がともに取り上げた実績からみて，CSを研究してみることは，意義のあることと思う。わが国のCSの先行研究をみるかぎり，現在，分析に留まっている。しかし，2000年12月22日に発表された教育改革国民会議の報告「教育を変える17の提案」において，地域独自のニーズに基づき，地域が運営に参画する新しいタイプの公立高校（「コミュニティ・スクール」）を市町村が設置することの可能性を検討することが提案された。これは，市町村が校長を募集するとともに，有志による提案を市町村が審査して学校を設置するものである。校長はマネジメント・チームを任命し，教員採用権をもって学校経営を行う。学校経営とその成果のチェックは市町村が学校ごとに設置する地域学校協議会が定期的に行う。まさに教育現場そのものの改革であり，わが意を得たりの感がする。既存の学校制度を前提に改革を進めてきたこれまでの審議会に比べると，大きく視点を変えた提案である。しかし，実現までには検討しなければならないことが山積みしていると思う。さいわい先行して「日本型CS」を研究模索してきた私は，より具体的な型で提案できる確信がもてたことはさいわいなことである。

　21歳，大学4年になりたての4月，近所の新中1生が親たちとともに私を訪ねてきて，家庭教師を引き受けたのが民間教育者としてのスタートであった。それから35年経て，原点である小・中・高の学習塾は生徒数11,820名（2000.12.27現在）となった。法的規制をまったく受けない中での自由な教育といえる。創立15周年を期して，準学校法人の認可を得て，各種学校である予備校を開設し，学習塾を学校との中間的教育として始めた。

　その後，専修学校（高等課程），広域通信制高等学校と，順次法的規制の強い学校経営へと移行した。その間，ニュージーランドにおいて，教育法の改正の提案を行い，同国初の全寮制私立国際大学の認可を得たのは，建国150年の

記念すべき年にあたる1990年5月であった。2000年5月には大学院の認可を得ることができた。

日本国内では1995年に短期大学の理事長に就任し，高等教育機関の学校経営をすることになった。法学部出身である自分の学問的，体系的学校経営の未熟さに気づき，兵庫教育大学大学院学校教育研究科教育経営コースに入学できたのは1999年4月であった。過去いくつもの学校法人の認可あるいは，学校設置認可を受けてきたこのような経験の中から，単に調査研究に留まらず，公立学校改革に貢献できる実現可能な学校の構想を今回の研究テーマとした。

この研究成果としての構想においては，次の諸点に留意した。
① 公立学校と競い合う学校ではなく，公立学校改革の起爆剤となるもの。
② 現在の公立学校の抱えている問題を，解決できる内容であること。
③ 単なる理想型ではなく，実現可能な型であること。

教育改革の具体的な構想は，児童・生徒，そして親といった教育の「顧客」から教育現場である学校の教職員，そして行政側からは，現場との接点となる指導主事といった教育の各関係者に，今後の教育について率直な意見をもとめることから始めるべきであると確信する。

第4節　研究の方法

1　研究の方法

1. まず調査の目的は次の3点である。
   (1) 公立の小・中・高校という公教育現場における教育の現状を把握することにより教育の課題と方向性を探る。
   (2) 多様に変化したわが国の社会と「教育の顧客」のニーズに十分対応できる新しい学校のあり方を探る。
   (3) 米国における新しい学校の典型であるチャータースクールを例にあげ

　　　　て，わが国における教育の各関係者の反応を調べ，(2) で述べた新し
　　　　い学校にはいかなる条件が備わっているべきか考察するための資料と
　　　　する。
2. この目的を達成するためには次の教育の各関係者に上記3項に関する声を
　　聞くことが必須と考える。
　　(1) 公教育の「顧客」である児童・生徒および保護者，
　　(2) 学校の教職者である教員および校長，それに
　　(3) 公教育の現場を指導する立場にある教育委員会の指導主事
　　いいかえると，本当に社会と教育の顧客のニーズに答える教育の実現のため
には，まず下からの声を聞き，改革に盛り上がるものでなければならない。
3. 研究の仮説として次の点があげられる。
　　(1) 「学制」がしかれてから長い年月がたったにもかかわらず，教育制度
　　　　や学校という教育現場において基本的な変革はこれといってなされて
　　　　いない。その一方ではとくに戦後から現在に至るまでわが国の社会は
　　　　大きな変革を遂げ，児童・生徒，家族も大きく変質したと考えられ，
　　　　教育の消費者と供給者の間で大きな断層とひずみが生じているはずで
　　　　ある。この結果として，調査する「教育の顧客」と「学校現場での教
　　　　育提供者」や「学校の管理と指導者」の間で教育に関する意見の相違
　　　　がみられるであろう。これについて調べることで，今後の新しい学校
　　　　の構築にいかなる障害が存在するか，またこの障害をいかに克服する
　　　　か，考えることができる。さらには背後に存在するわが国の教育の構
　　　　造的な問題点も明らかにして，根本的な対応を探る可能性が生まれ
　　　　る。
　　(2) 児童・生徒や保護者は教育サービスを受ける消費者として教育の方向
　　　　性を示すと考えられる。同時に教育のニーズについては，顧客にとっ
　　　　て比較的重要なものもあれば，重要性が低いものもある。さまざまな

ニーズの重要度を識別することは今後の新しい教育を探る上で大きな役割を果たすであろう。過去に少なくともこのような教育のニーズに関する調査はこれといってなされていない状態であり，顧客のニーズのパターンがいかなるものであるかについては極端にいえば想像の域を出ない。

　たとえば瓢箪から駒がでることも十分考えられる。こんな状況にあって，教育ニーズについて教育関係者の間で「どれも重要」，「どれもしなければ」になり，結局は「どれも本格的にはしない」といった結果に終わる危険性が十分あり，実際これがわが国の教育の改革を妨げてきたと考えられる。この問題を克服し，本当に顧客のニーズにあった新しい学校を構築するために，ニーズの重要度をまず探り，ランクの高いものより優先して対策を立てることから始めるべきであろう。

4．調査は以下の方法で行った。
（1）「日本型のチャータースクール」の現状と課題を把握するために，まずCSに関する文献を調査するとともに，実際にカリフォルニア・アリゾナ両州合わせて10校のCSを視察し，校長，教頭，または教科主任へのインタビューを通してCSの現状と課題を調べた。なお，インタビューはopen-ended方式で行った。
（2）1と2で述べた調査を教育の各関係者に対して質問紙法により行った。

2　調査の対象

（1）　児童・生徒

以下の公立学校生徒を対象に調査を実施した。

　（1）　小学5年および6年生：　　　　539名

（2） 中学全学年：　　　　　　1,522 名
（3） 高校全学年：　　　　　　507 名
　　　合　計　　　　　　　　2,568 名

　小学生・中学生・一般の高校生については，兵庫県南西部に 28 教室をもつ学習塾および同地域に 6 校の支部をもつ予備校に依頼し，授業後に希望者に調査用紙を渡して，回答したものを回収した。回収率は以下の通りである。

調査対象	配布部数（人）	回収部数（人）	回収率
小学 5・6 年生	539	539	100%
中学 1～3 年生	1,552	1,552	100%
一般の高校 1～3 年生	507	507	100%

（以下パーセントはすべて四捨五入とする。）

生徒の学年と性別および居住地は，以下の通りである。

居住地	小学生（人）	中学生（人）	高校生（人）
神戸市	269	648	209
明石市	59	280	97
加古川市	97	284	70
姫路市	101	275	82
高砂市	1	2	20
周辺郡部	9	13	28
無記入	4	20	1
合　計	540	1,522	507

それぞれの年齢および性別を以下の表に示す。

項目		小学生	中学生	高校生	小・中・高生徒の平均
性別	男	50%	50%	59%	53%
	女	49%	50%	41%	47%
	無回答	0%	1%	0%	0%
学年	小学5年	42%			
	小学6年	58%			
	中学1年		33%		
	中学2年		33%		
	中学3年		34%		
	高校1年			42%	
	高校2年			46%	
	高校3年			12%	

（2） 保護者

対象者の内訳は，以下の通りである。

（1） 小学生の保護者：　　400名
（2） 中学生の保護者：　　226名
（3） 高校生の保護者：　　180名

　全国（北海道，東京，神奈川，愛知，奈良，大阪，兵庫，福岡）の小学生・中学生・高校生の子どもをもつ保護者に調査用紙を送付，郵送にて回収した。回答率は以下の通りである。

調査対象	配布部数（人）	回収部数（人）	回答率
小学生の保護者	440	400	91%
中学生の保護者	270	226	84%
高校生の保護者	200	180	90%

（3） 企業経営者

　　青年会議所（JC）の会員　　335名

　青年会議所（JC）は明るい豊かな社会の実現を理想とし，時代の担い手たる責任感をもった20〜40歳までの指導者たらんとする青年の団体で，全国749の市町村に54,910名の会員を擁する（平成12年12月6日現在）。会員は主として企業の経営者，またはそれに準ずる役職の人は多い。地域の若手リーダーとの有効を深める意味もある。今回の調査対象にJCを選んだ理由としては，日ごろからJC自体が教育問題を重要課題として取り組んでいる実績があること，地域の各種団体やPTAなどにおいても指導的な立場に立つことが多いなどがあげられる。

　調査の方法としては，全国の日本青年会議所（JC）681ヵ所に各4部のアンケートを送付。特に教育担当者を中心に回答してもらうように依頼し，郵送にて回収した。回収率は以下の通りである。

調査対象	配布部数（人）	回収部数（人）	回答率
JC会員	2,724	336	12%

保護者ならびに JC 会員の性別および年齢を以下の表に示す。

項　目		保護者の内訳				保護者(小・中・高平均)	企業経営者
		小学生の保護者	中学生の保護者	高校生の保護者	不登校経験のある高校生の保護者		
性別	男	31%	28%	34%	18%	31%	81%
	女	64%	64%	57%	77%	61%	11%
	無回答	6%	8%	9%	5%	7%	8%
年齢 保護者	20代	5%	0%	0%	0%	2%	
	30代	57%	19%	7%	6%	28%	
	40代	36%	73%	66%	70%	58%	
	50代	2%	7%	24%	22%	11%	
	60代	0%	0%	2%	0%	1%	
	70代以上	0%	0%	0%	0%	0%	
	無回答	1%	1%	1%	1%	1%	
年齢 企業経営者	30歳未満						3%
	30〜35歳						27%
	35〜40歳						70%
	無回答						0%

（4） 教員

対象者の内訳は，以下の通りであった。

　　（1）　小学校教員　　　　43名
　　（2）　中学校教員　　　　47名
　　（3）　高校教員　　　　998名
　　合　計　　　　　　　1,088名

小学校・中学校教員は神戸市内の小学校13校・中学校10校に依頼し調査用

紙を送付，各学校にて実施後，郵便にて回収した。高校その他教員は，兵庫県教育委員会各支部の校長会を通して各学校に依頼して実施，郵便にて回収した。

調査対象	配布部数（人）	回収部数（人）	回答率
小学校教員	52	43	83%
中学校教員	60	47	78%
高校教員	1,460	998	68%
その他	210	119	57%

（5） 校長

対象者の内訳は，以下の通りである。

（1） 小学校長　　48名
（2） 中学校長　　47名
（3） 高校長　　　135名
合　計　　　　　230名

小学校・中学校長は，兵庫県内から無作為で抽出した小・中学校各197校に調査用紙を送付，郵送にて回収した。高等学校長は兵庫県教育委員会各支部の校長会を通じて各学校に依頼して実施，郵便にて回収した。回答率は以下の通りである。

調査対象	配布部数（人）	回収部数（人）	回答率
小学校長	197	48	24%
中学校長	197	47	24%
県立高校長	167	131	78%

（6） 指導主事

以下の機関に所属する指導主事を対象に調査を実施した。

（1） 兵庫県教育委員会　　　　　　　48 名
（2） 兵庫県立教育研修所　　　　　　27 名
（3） 兵庫県立東播磨教育事務所　　　15 名
（4） 兵庫県立嬉野台生涯教育センター　13 名
　　　　　　　　　　合　計　　103 名

兵庫県教育委員会を通じて教育委員会・付属の研究機関に依頼後，送付した。各機関で実施後，郵送にて回収した。回答率は，以下の通りである。

調査対象	配布部数（人）	回収部数（人）	回答率
指導主事	113	103	91%

これら教員，校長および指導主事の性別，年齢および教職経験年数を以下の表に示す。

項　目		教員の内訳			校長の内訳			教員分率の平均百	校長分率の平均百	指導主事
		小学校	中学校	高校他	小学校	中学校	高校長			
性　別	男	51%	45%	65%	64%	78%	82%	54%	75%	81%
	女	30%	43%	17%	14%	0%	1%	30%	5%	9%
	無回答	19%	13%	18%	22%	22%	16%	16%	20%	11%
年齢 （教員・ 指導主事）	20代	12%	19%	9%	0%	0%	0%	13%		0%
	30代	28%	26%	20%	0%	0%	0%	25%		1%
	40代	35%	45%	33%	0%	0%	0%	38%		83%
	50代	23%	11%	37%	0%	0%	0%	24%		17%
	無回答	2%	0%	0%	0%	0%	0%	1%		0%

年齢 (校長)	40代			0%	4%	0%		1%	
	50代前半			46%	28%	6%		26%	
	50代後半			53%	69%	93%		71%	
	無回答			2%	0%	1%		1%	
教職経験 年数	年(平均および標準偏差)	18(8)	16(9)	33(4)	33(4)	35(3)		33(3)	26(6)

3 調査に用いた質問項目

調査で用いた質問項目の内容を以下の表で示した。各項目の具体的な質問内容および評定法は,第1章,第2章および第3章の各節で記述する。

(1) 生徒の調査項目

	設問数	項目の分野	目的
1	23問	公立の小・中・高校における教育と教育問題の現状および今後の予測	(1) 現在の公立学校の現状と今後の予測,および (2)「いじめ」,「不登校」,「校内暴力」,「学級崩壊」および「高校中退」の各教育問題の現状と今後の予測について生徒の意識調査を行い,これからの学校教育を考える。各質問の内容は第1章で記述する。
2	15問	「新しい学校」のあり方	学校生活のさまざまな面で生徒の考えを聞いて「新しい学校」のあり方を考える。各質問の内容は第2章で記述する。
3	5問	アメリカのCS	ここではアメリカにおけるCSの一例をあげて生徒の考えを聞くことにより,これからの学校のあり方について考察する。各質問の内容は第3章で記述する。

上の表の1.「公立の小・中・高校における教育と教育問題の現状および今後の予測」の質問項目については,小・中・高校の場合は,それぞれ自分の通う

学校について聞いた。

(2) 保護者，企業経営者，教員，校長および指導主事の調査項目

	設問数	項目の分野	目的
1	7問	公立の小・中・高校における教育教育問題の現状および今後の予測	(1) 現在の公立学校の現状と今後の予測，および (2) 「いじめ」，「不登校」，「校内暴力」，「学級崩壊」および「高校中退」の各教育問題の現状と今後の予測について各関係者の意識調査を行い，これからの学校教育を考える。各質問の内容は第1章で記述する。
2	18問	「新しい学校」のあり方	学校教育についてさまざまな角度から各調査対象者の考えを聞いて「新しい学校」のあり方を考える。各質問の内容は第2章で記述する。
3	12問	アメリカのCS	アメリカにおいてCS設立の申請をし，認可を受ける上で幾つかの条件がCS関連法により設けられている。これらはCSの機能と特色を表わすものである。これらの条件をひとつずつ提示し，それらについて各調査対象者の意見を聞くとともに，CSがわが国にできれば，そこに自分の子どもを通わせる意思があるかを問うた。各質問の内容は第3章で記述する。

(3) 追加質問項目

(1) 上の表であげた保護者，企業経営者，教員，校長，および指導主事に対する共通質問に加えて，教員，校長および指導主事に対しては，次の3つの質問を加えた。

a.「このようなCSが日本で出来た場合，あなたがそこで教えることについてどう思いますか。」(この質問は教員および指導主事を対象に実施。)

b.「アメリカのCSでは教師に対する評価をもとに給与を決定することで能力による給与格差を認めているが，このような評価方式が日

本に導入されることについてどう思いますか。」（この質問は教員および指導主事を対象に実施。）
　　c．「このような CS が日本で出来た場合，退職後，自分で CS を設立して，運営してみたいと思いますか。」（この質問は校長を対象に実施。）
（2）　また保護者および企業経営者については表の各共通質問に加えて，アメリカにある CS の一例をあげて四つの質問を行い，その考えを聞いた。その内容は第4章で記述する。

注

1)　天野郁夫『日本の教育システム』東京大学出版会，1996年，p. 114
2)　臨時教育審議会「教育改革についての答申」第一法規，1987年
3)　「米国の公教育改革とチャータースクール―公教育の選択・文献・民営化―」自治体国際化協会，1997年
4)　「米国の公教育改革とチャータースクール―公教育の選択・文献・民営化―」自治体国際化協会，1997年，p. 40
5)　大橋博「民間資金の活用と民間委託」『週間教育』資料 No 677，2000年，p. 15
6)　「米国の公教育改革とチャータースクール―公教育の選択・文献・民営化―」自治体国際化協会，1997年
7)　佐々木司「チャータースクールに関する研究」アメリカ教育学会編『アメリカ教育学会紀要』第7号，1996年
8)　湯藤定宗「ミネソタ州における CS の普及状況に関する一考察」『アメリカ教育学会紀要』第8号，1997年
9)　湯藤定宗「CS の自律的経営に関する一考察―ミネソタ州 PACT CS を事例として」『広島大学教育学部紀要第一部（教育学）』第46号，1997年
10)　湯藤定宗「CS における自律性に関する一考察」『広島大学教育学部紀要第一部（教育学）』第47号，1998年
11)　Becker, H. and others, *Parent Involvement Contracts in California's Charter Schools : Strategy for Educational Improvement or Method of Exclusion ?*, Southeast Regional Lab., 1995.
12)　Sconyers, N., *What Parent Want : A report on Parents' Opinions about*

Public Schools, Office of Educational Research and Improvement, 1996.
13) *Behind the Charter School Myths*, Canadian Teachers' Federation, 1997.
14) Bierlein, L. A. & Mulholland L. A., *Comparing Charter School Laws : The Issue of Autonomy*, Morrison Institute for Public Policy, 1994.
15) 黒崎勲「教育の市場化・民営化と教育行政・…規制された市場と学校選択・…」『日本教育行政学会年報』第26号, 2000年1月31日
16) 本国愛実「学校選択に関する原理的研究―アメリカの学校選択制における市場的要因を中心として―」日本教育行政学会編『日本教育行政学界年報』第24号, 1998年

第 1 章

公立学校の現状に対する各関係者の意識

　公立学校改革は，まず現場の正確な把握から入らねばならない。そこで，①先生，②学校での楽しみ，③授業・教材，④重視される教育問題，⑤教育問題の将来の5分野について，調査を行った。

　質問数は，わずか6項目ながら①の「先生」については，生徒の学校生活に大きな比重を占める存在であるだけに，その評価には注目したい。また，③「授業・教材」では，小・中・高といった年齢の違いと学習量の蓄積差によって，いかなる相違がみられるのかも興味のあるところだ。④と⑤の「教育問題の現状と将来」については，生徒・保護者・教師の考えの相違点を学校別に検討してみたい。また，教職関係者については，現場にいる教師と，現場の責任者である校長に加えて，学校現場への指導，助言を行う立場にある指導主事の意識を調べて，各者の差を調べてみたい。教育現場に身を置く教師や校長と，教育行政の一翼をその前線において担う立場にある指導主事との間で，どのような点で相違がみられるだろうか。

第 1 節　児童・生徒による評価

　これは「自分の通う（あるいは通っていた）公立の小・中・高校についての評価」，および「学校教育の現状と問題についての評価」の2つの分野に分かれる。それぞれの調査結果を以下にあげて考察する。

1　自分の通う（あるいは通っていた）公立の小・中・高校についての評価

（1）「みんなにわけへだてなく，公平な先生が多いと思いますか。」

生徒からみた教師はどのようなものだろうか。教師が生徒を公平に扱っているかという点について「とてもそう思う」と「多少そう思う」の合計と「あまりそう思わない」と「ほとんどそう思わない」の合計の比は小学生で51％対48％，中学生で36％対54％，高校生で52％対47％である。

中学生は大人に対して反抗期にあることを考慮しても，教師に対する不満が生徒の3分の2を占めるのは問題であろう。実際には教師は公平であったとしても，生徒に自分を理解してもらう努力が足りないのは事実であろう。「生徒を公平に扱う」指導力が教師に求められるとともに，「生徒に自分を理解してもらう」リーダーシップが求められている。

（2）「生徒の気持ちをわかってくれる先生が多い。」

教師が自分の気持ちをわかっているか，という点について生徒の「とてもそう思う」と「多少そう思う」の合計と「あまりそう思わない」と「ほとんどそう思わない」の合計の比は小学生で60％対40％，中学生で35％対65％，高校生で43％対57％である。全体的にみて高学年ほど自分を理解してくれる教師が少ないと考えているが，とくに中学では生徒の3分の2が教師は自分を理解していないと思っている。(1)の結果と合わせて，教師の指導力と教師・生徒間の意思疎通の改善が中学を中心に急務となる。

（3）「自分が授業を理解しているかどうかをよくわかってくれている先生が多い。」

授業における生徒の理解に教師が注意を払ってくれているかについて「とてもそう思う」と「多少そう思う」の合計と「あまりそう思わない」と「ほとんどそう思わない」の合計の比は小学生で68％対32％，中学生で35％対57％，高校生で34％対66％と，学年を追って教師への信頼は低下する。学習の達成への不安と，自分の学習の理解に注意も払わずに授業を進めることへの不満が

第1章 公立学校の現状に対する各関係者の意識　43

表1-1-1　学校生活について考える（1）

項目		小学生	中学生	高校生	小・中・高生徒の平均
公平な先生が多い	とてもそう思う	9%	4%	9%	8%
	多少そう思う	42%	32%	43%	39%
	あまりそう思わない	34%	47%	37%	39%
	ほとんどそう思わない	14%	17%	10%	14%
	無回答	0%	0%	0%	0%
生徒の気持ちをわかってくれる先生が多い	とてもそう思う	14%	4%	4%	7%
	多少そう思う	46%	31%	39%	39%
	あまりそう思わない	28%	45%	45%	39%
	ほとんどそう思わない	12%	20%	12%	15%
	無回答	1%	0%	0%	0%
授業を理解しているかわかってくれる先生が多い	とてもそう思う	22%	5%	5%	11%
	多少そう思う	46%	37%	29%	37%
	あまりそう思わない	26%	43%	50%	40%
	ほとんどそう思わない	6%	14%	16%	12%
	無回答	0%	1%	0%	0%
先生が注意したり，しかるのはなるほどそうだと思う	とてもそう思う	26%	11%	12%	16%
	多少そう思う	40%	44%	44%	43%
	あまりそう思わない	23%	29%	29%	27%
	ほとんどそう思わない	11%	15%	14%	13%
	無回答	0%	1%	1%	1%

項　　目		小学生	中学生	高校生	小・中・高生徒の平均
興味がわく授業が多い	とてもそう思う	15%	5%	3%	8%
	多少そう思う	40%	31%	31%	34%
	あまりそう思わない	30%	44%	48%	41%
	ほとんどそう思わない	15%	19%	18%	17%
	無回答	0%	0%	0%	0%
自分の学力が伸びたと思う科目が多い	とてもそう思う	19%	8%	4%	10%
	多少そう思う	43%	35%	28%	35%
	あまりそう思わない	31%	42%	47%	40%
	ほとんどそう思わない	6%	13%	21%	14%
	無回答	0%	1%	1%	1%
興味がわく教科書や教材が多い	とてもそう思う	12%	3%	3%	6%
	多少そう思う	30%	23%	20%	24%
	あまりそう思わない	42%	49%	56%	49%
	ほとんどそう思わない	16%	24%	21%	20%
	無回答	0%	0%	0%	0%
興味のあることをじっくり学べる	とてもそう思う	14%	6%	4%	8%
	多少そう思う	32%	20%	17%	23%
	あまりそう思わない	36%	45%	45%	42%
	ほとんどそう思わない	17%	28%	34%	27%
	無回答	0%	1%	0%	0%

項　　目		小学生	中学生	高校生	小・中・高生徒の平均
先生は自分の気持ちや状況を考えた生活指導をしてくれる	とてもそう思う	21%	5%	5%	10%
	多少そう思う	37%	30%	28%	32%
	あまりそう思わない	29%	42%	44%	38%
	ほとんどそう思わない	13%	23%	24%	20%
	無回答	0%	1%	0%	0%
先生と保護者が話し合って，自分のことを理解してくれる	とてもそう思う	19%	7%	4%	10%
	多少そう思う	40%	32%	24%	32%
	あまりそう思わない	28%	39%	43%	37%
	ほとんどそう思わない	12%	21%	28%	21%
	無回答	0%	1%	1%	1%

特に高学年で示されている。これは後の（14）で述べる授業の理解度の問題とも関連する。

　（4）「先生が自分に注意したり叱ったりする言葉は，なるほどそうだと思うことが多い。」

　教師が生徒を指導し，その問題行動に対して注意するのは必要だが，生徒に納得のゆく説明をしないと逆効果になる。この点について生徒は教師をどうみているのだろうか。結果は「とてもそう思う」と「多少そう思う」の合計と「あまりそう思わない」と「ほとんどそう思わない」の合計の比は小学生で66％対34％，中学生で55％対44％，高校生で56％対43％，教師のことばに対する生徒の納得は中学になって急に低くなる。生徒の成長とともに教師への反発が高まるのはやむを得ないが，この結果をみるかぎり生徒に納得のゆく説明を教師がしているか疑問である。

（5）「興味がわく授業が多い。」

　生徒にとって興味がわく授業をすることは生徒の潜在能力を引き出す上でカギとなる。この点については「とてもそう思う」と「多少そう思う」の合計と「あまりそう思わない」と「ほとんどそう思わない」の合計の比は小学生で55％対45％，中学生で36％対63％，高校生で34％対66％と，とくに中学から生徒が急に授業に興味を無くしているのがわかる。

　これは（3）の「自分が授業を理解しているかわかってくれる先生が多い」や（14）の「授業がよく分かりますか」の数値が中学から低下するのと同じパターンを示している。

（6）「自分の学力が伸びたと思う科目が多い。」

　これは学習に対する生徒の「手応え」を問うものであるが，（3）の生徒の授業理解への教師の注意と，（5）の授業への興味，そして（14）の授業の理解度にも関連する。これについて「とてもそう思う」と「多少そう思う」の合計と「あまりそう思わない」と「ほとんどそう思わない」の合計の比は小学生で52％対37％，中学生で43％対55％，高校生で32％対68％となる。(3)，(5)および（14）の結果と同じく，高学年ほど学習についての興味や自信は低くなり，教師への信頼は低下する。これについては高学年ほど授業のレベルが高すぎて生徒がついてゆけない等，さまざまな理由が考えられる。カリキュラムの根本的な見直しが必要であろう。

（7）「興味がわく教科書や教材が多い。」

　（5）では授業への興味について調べたが，一方で教科書や教材は生徒に興味あるものだろうか。この点について小学生で「とてもそう思う」と「多少そう思う」の合計と「あまりそう思わない」と「ほとんどそう思わない」の合計の比は42％対58％，中学生で26％対73％，高校生で23％対77％となる。少なくとも小学生高学年で教科書や教材は生徒に興味の乏しいものになりはじめ，中学では生徒の4分の3が教科書や教材に興味をなくすほど深刻な状態に

なっている。各教科のレベルが生徒にとって高いと思われる一方で、興味をわかせる教科書や教材作りの努力も乏しいと思われる。教科書検定の努力もさることながら、教科書を魅力あるものにする指導も大切だと、生徒たちは訴えている。

（8）「学校で、自分の興味のあることをじっくり学ぶ機会がある。」

わかりやすい授業、興味を起こす授業、魅力ある教科書作りの重要性もさることながら、生徒が授業に興味を示せば、その学習動機を活かす努力が必要である。この点について「とてもそう思う」と「多少そう思う」の合計と「あまりそう思わない」と「ほとんどそう思わない」の合計の比は小学生で46％対53％、中学生で26％対73％、高校生で21％対79％となっていて、じっくり学ぶ機会は中学で急激に低下している。

（9）「先生は、自分の気持ちや状況をよく考えて生活の指導をしてくれる。」

生活指導は、生徒の健全な成長に大切である。しかし、指導してもらう本人が教師は自分の気持ちを考えず一方的に指導をしていると考えれば逆効果に終わる。この点について「とてもそう思う」と「多少そう思う」の合計と「あまりそう思わない」と「ほとんどそう思わない」の合計の比は小学生で58％対42％、中学生で35％対65％、高校生で33％対68％となっている。全体として学年を追う毎に生徒の教師に対する不満が増加し、中学からは生徒の約3分の2が教師は自分を理解しないで生活指導していると考えている。

（10）「先生と自分の保護者は、お互いによく話しあっていて、自分（私）のことを理解してくれている。」

教師と保護者の双方が意思疎通を図り、自分を理解する努力をしていると生徒が受け止めているのだろうか。これについては「とてもそう思う」と「多少そう思う」の合計と「あまりそう思わない」と「ほとんどそう思わない」の合計の比は小学生で59％対40％、中学生で39％対60％、高校生で28％対71

％となっている。ここでも他の項目と同様，生徒の評価が中学で急に低下する。教育でもっとも重要な役割を果たす教師と保護者の双方から生徒が見放されていると考える傾向が学年を追ってみられるのは重大である。

(11)「学校生活は楽しいですか。」

ここで学校教育について少し明るい話題がほしいものである。楽しい学校生活を送っているかについて「とてもそう思う」と「多少そう思う」の合計と「あまりそう思わない」と「ほとんどそう思わない」の合計の比は小学生で85％対14％，中学生で88％対16％，高校生で86％対13％であり，全体としてはこちらの気持ちに応えるものであった。この調査の結果をみると生徒に問題の多い環境と考えざるを得ないが，それにも負けず，小学高学年から高校まで生徒たちは若さで学校生活をエンジョイしている。

(12)「学校生活で楽しいものは何ですか。」

生徒たちがどんな点で学校生活に楽しみを見出しているか聞いたところ，小学生から高校生まで高い数値を示したのが「友達」，「休み時間」，「給食・弁当」，「クラブ・部活動」，「運動会など学校行事」であった。「係りや委員会の活動」については中学になると楽しさが大きく低下し，さらに高校で一層低下する。これについてあり方を検討する必要があろう。

(13)「学校生活で楽しくないものは何ですか。」

一方，どんな点で学校生活が楽しくないか尋ねたところ，小学生から高校生まで「授業」，「そうじの時間」，「係りや委員会の活動」，さらには「先生」をあげている。生徒の主張が必ずしも正しいものではないが，生徒にとって幸いながらも「やりがい」を感じさせる学校生活なのか，学校と教師の努力が問われる。

(14)「授業はよくわかりますか。」

授業への興味，そして学力向上の手応えは学年を追う毎に低下する点をすでに述べたが，ここで授業の理解度について「よくわかる科目が多い」と「よく

表1-1-2 学校生活を考える（2）

項　　目		小学生	中学生	高校生	小・中・高生徒の平均
学校生活は楽しいですか	とても楽しい	45%	30%	28%	35%
	まあまあ楽しい	40%	53%	58%	51%
	あまり楽しくない	10%	10%	9%	10%
	全然楽しくない	4%	6%	4%	5%
	無回答	0%	1%	0%	0%
学校で楽しいもの	友達	92%	92%	90%	91%
	上級生	14%	23%	21%	19%
	先生	29%	12%	12%	17%
	授業	21%	10%	8%	13%
	休み時間	93%	85%	75%	84%
	給食・弁当	63%	55%	49%	56%
	そうじの時間	17%	10%	4%	10%
	クラブ・部活動	79%	61%	47%	63%
	運動会などの行事	58%	45%	44%	49%
	係りや委員会の活動	36%	12%	4%	18%
	その他	18%	7%	9%	12%

項　　　目		小学生	中学生	高校生	小・中・高生徒の平均
学校で楽しくないもの	友達	3%	4%	3%	3%
	上級生	19%	17%	8%	15%
	先生	35%	46%	37%	39%
	授業	52%	61%	54%	56%
	休み時間	2%	3%	2%	2%
	給食・弁当	8%	5%	2%	5%
	そうじの時間	56%	55%	41%	50%
	クラブ・部活動	9%	10%	8%	9%
	運動会などの行事	20%	21%	15%	19%
	係りや委員会の活動	41%	48%	39%	43%
	その他	9%	6%	6%	7%

わからない科目が多い」の比は小学生で77%対21%，中学生で59%対39%，高校生で43%対55%となっていて，学年を追って低下する傾向がここでもみられる。教師の教え方が悪いのか，教科のレベルが高すぎるのか，検討する必要がある。とくに高学年の生徒に対する授業の見直しが必要である。

(15)　「授業がわからない理由は何ですか。」

授業がわからない責任はどこにあるのかについて「先生の説明がわからない」が小学生で28%だったのが，中学生で52%，そして高校生でも52%に大きく上昇する。このように教師に責任を帰する声とともに，「予習や復習をしていないから」と自分に責任を帰する声は小学生で22%，中学生で34%，そして高校生で55%と，比例して高くなってゆく。「自分の学力に合わない授業」に責任を帰する声は小・中・高校生ともに一割台にとどまっていて，生徒

表 1-1-3　学校生活を考える（3）

項目		小学生	中学生	高校生	小・中・高生徒の平均
授業はよくわかりますか	よくわかる科目が多い	77%	59%	43%	60%
	よくわからない科目が多い	21%	39%	55%	38%
	無回答	2%	2%	2%	2%
授業がわからない理由	先生の説明がわからない	28%	52%	52%	44%
	自分の学力レベルに合わない授業が多い	10%	14%	15%	13%
	予習や復習をしていないので	22%	34%	55%	37%
	授業で他の生徒がやかましい	35%	34%	8%	26%
	その他	13%	7%	4%	8%

はもっぱら自分の学力より教師の教え方と自らの努力に自らの理解不足の原因を見出す傾向がみられる。

2　学校教育の現状と問題についての評価

（1）「あなたの学校ではいじめがあると思いますか。」

学校でのいじめについて「たくさんある」と「少しある」の合計と「ほとんどない」と「まったくない」の合計の比は小学生で68％対32％，中学生になると実に80％対19％となる。高校生ではこれが42％対58％となるが，この問題の性質を考えれば，これはなお高い数値といってよい。学校教育のクライアントである生徒たちの証言をもって教育改革の最大根拠とすべきであろう。

（2）「いじめはこれから増えると思いますか。それとも減ると思いますか。」

この質問に対して「大変増える」と「やや増える」の合計と「やや減る」と「かなり減る」の合計の比は小学生で65％対32％，中学生で82％対16％，高校生で65％対31％となっていて，いずれもこの問題が今後増加すると考えている。とくに中学生の8割以上がこれからいじめは「増える」と考えている点は重大である。目撃者である生徒が学校におけるいじめの状況と学校の対策の実態を考えてこのような結論を出している。

（3）「あなたのクラスには不登校の人がいますか。いる場合は何人ですか。」

クラスに不登校の生徒が「いる」と「いない」の比は小学生で19％対79％なのが中学生で58％対39％と急に「いる」が増える。これは小学から中学にかけて学校の環境が悪くなる調査結果と一致する。とくに中学の環境悪化により不登校の問題が表面化すると考えることができる。なお，不登校の生徒がクラスに「いる」と答えた生徒は，小学校から高校までクラスに平均2人，不登校の生徒が「いる」と答えている。

（4）「不登校はこれから増えると思いますか，それとも減ると思いますか。」

この質問に対して「大変増える」と「やや増える」の合計と「やや減る」と「かなり減る」の合計の比は小学生で50％対48％，中学生で81％対17％，高校生で80％対17％であり，この問題が根深い一方で，学校の対応の不十分さがうかがえる。

（5）「あなたの学校には暴力をふるう生徒がいますか。」

暴力をふるう生徒が「いる」と「いない」の比は小学生で70％対29％，中学生で69％対28％となっている。もっともこの比は高校生になると24％対74％に低下する。どのレベルをもって暴力というのか判断基準は個人で異なるにしても，とくに小・中学校で暴力がみられるとの声が多く，公立の義務教育のあり方が根本から問われよう。

表 1-1-4　教育問題について

項目		小学生	中学生	高校生	小・中・高生徒の平均
学校でいじめがありますか	たくさんある	19%	20%	7%	15%
	少しある	49%	60%	35%	48%
	ほとんどない	24%	16%	45%	29%
	まったくない	8%	3%	13%	8%
	無回答	0%	1%	0%	0%
いじめは増えますか	大変増える	17%	21%	15%	18%
	やや増える	48%	61%	50%	53%
	やや減る	30%	15%	27%	24%
	かなり減る	2%	1%	4%	2%
	無回答	2%	2%	5%	3%
クラスに不登校の生徒がいますか	いる	19%	58%	14%	31%
	いる場合の人数（平均）	2	2	2	2
	いない	79%	39%	84%	68%
	無回答	1%	3%	1%	2%
不登校は増えますか	大変増える	9%	1%	18%	16%
	やや増える	41%	62%	62%	55%
	やや減る	34%	15%	14%	21%
	かなり減る	14%	2%	3%	6%
	無回答	1%	2%	3%	2%

項　　　目		小学生	中学生	高校生	小・中・高生徒の平均
学校に暴力をふるう生徒がいますか	いる	70%	69%	24%	54%
	いない	29%	28%	7%	44%
	無回答	1%	2%	2%	2%
暴力は増えますか	大変増える	14%	16%	13%	1%
	やや増える	45%	57%	49%	50%
	やや減る	31%	22%	29%	27%
	かなり減る	8%	2%	6%	5%
	無回答	2%	3%	3%	3%
学級崩壊が学校でありますか	よくある	16%	15%	7%	13%
	たまにある	31%	37%	16%	28%
	ほとんどない	28%	27%	28%	27%
	まったくない	25%	20%	49%	31%
	無回答	0%	2%	1%	1%
学級崩壊は増えますか	大変増える	13%	19%	21%	18%
	やや増える	35%	54%	47%	46%
	やや減る	37%	20%	23%	26%
	かなり減る	12%	5%	7%	8%
	無回答	3%	2%	2%	2%

（6）「生徒の暴力はこれから増えると思いますか，それとも減ると思いますか。」

「大変増える」と「やや増える」の合計と「やや減る」と「かなり減る」の合計の比は小学生で59％対39％，中学生で73％対24％，高校生で62％対

35％と，ここでも問題の深さと学校の指導や対策の不十分さが提示されている。

（7）「あなたの学校では先生が生徒を注意し続けなければならなくて，授業が成り立たなくなること（学級崩壊）がありますか。」

「よくある」と「たまにある」の合計と「ほとんどない」と「まったくない」の合計の比は小学生で47％対53％，中学生で52％対47％，高校生で23％対77％となっている。

このように小・中学校で半数近くが学級崩壊は「ある」と指摘している。マスコミで取り上げられるような「壊滅的」すなわち重度の学級崩壊は単なる氷山の一角にすぎず，学校でその裾野が広がっている，と考えられる。

（8）「学級崩壊はこれから増えると思いますか，それとも減ると思いますか。」

「大変増える」と「やや増える」の合計と「やや減る」と「かなり減る」の合計の比は小学生で48％対49％，中学生で73％対25％，高校生で68％対30％となっていて，中学ではこの問題が今後増えるという答えが7割台にまで急増する点が注目される。

第2節　保護者ならびに企業経営者による評価

学校教育の現状，学校教育の問題および学校教育の今後の予測についての各質問の回答結果を以下にあげて考察する。

（1）「学校の教育全般について良いと思いますか。」

「そう思う」と「そう思わない」の合計比は小・中・高校の保護者の平均で31％対76％，企業経営者で20％対76％，と，学校教育の現状を「良くない」という声がいちじるしく多い。

企業経営者の方で保護者よりも「良くない」と考える比率が高い点は注目に

表 1-2-1 学校教育と教育問題の現状と今後の予想

項目		保護者の内訳			保護者平均(小・中・高)	企業経営者
		小学生の保護者	中学生の保護者	高校生の保護者		
学校教育全般について公立学校の教育は良いと思いますか	とても良い	3%	1%	2%	2%	1%
	やや良い	33%	22%	33%	29%	19%
	やや良くない	54%	65%	52%	57%	56%
	とても良くない	9%	8%	9%	9%	20%
	無回答	2%	4%	3%	3%	4%
これから不登校は増えますか	大変増える	33%	30%	35%	33%	38%
	やや増える	60%	63%	54%	59%	54%
	やや減る	6%	6%	9%	7%	7%
	かなり減る	1%	0%	1%	1%	1%
	無回答	1%	1%	1%	1%	1%
いじめはこれから増えますか	大変増える	27%	22%	22%	23%	27%
	やや増える	59%	68%	61%	62%	60%
	やや減る	12%	10%	14%	12%	10%
	かなり減る	1%	0%	2%	1%	1%
	無回答	2%	0%	1%	1%	2%
非行や暴力はこれから増えますか	大変増える	30%	25%	26%	27%	32%
	やや増える	58%	62%	56%	59%	50%
	やや減る	11%	11%	15%	12‰	10%
	かなり減る	1%	0%	2%	1%	1%
	無回答	1%	1%	1%	1%	1%

第1章 公立学校の現状に対する各関係者の意識　57

項　　目		保護者の内訳			保護者平均(小・中・高)	企業経営者
		小学生の保護者	中学生の保護者	高校生の保護者		
学級崩壊はこれから増えますか	大変増える	25%	24%	24%	24%	26%
	やや増える	62%	60%	54%	59%	59%
	やや減る	12%	12%	18%	14%	11%
	かなり減る	1%	0%	2%	1%	2%
	無回答	2%	4%	2%	2%	2%
高校中退はこれから増えますか	大変増える	34%	31%	27%	31%	35%
	やや増える	54%	58%	59%	57%	51%
	やや減る	8%	6%	11%	8%	11%
	かなり減る	1%	1%	2%	1%	1%
	無回答	3%	4%	2%	3%	2%
これから公立学校教育は良くなりますか	とても良くなる	1%	0%	1%	1%	1%
	やや良くなる	30%	23%	26%	26%	33%
	やや悪くなる	55%	61%	56%	57%	49%
	とても悪くなる	12%	11%	16%	1%	14%
	無回答	3%	4%	2%	3%	3%

値する。保護者をはじめとして社会の一般の人々，とくに企業経営者が公立学校教育を改革する必要があるとの意識を強く抱いているのがわかる。さらに保護者の内訳をみると，小学生の保護者で「良い」が36％なのに対して中学生の保護者は33％に低下し，実に3分の2が学校の教育全般について「良くない」と考えている。これは生徒において小学生よりも中学生の方が学校教育への不満が強い調査結果と一致している。親子ともに学校教育の質は学年が上がると「ますます下がる」と考えている。

（2）「不登校はこれから増えると思いますか。」

「増える」と「減る」の各合計比は保護者の平均が 92％ 対 8％，企業経営者で 92％ 対 8％ と「増える」という意見がどちらも圧倒的に多い。とくに企業経営者は「大変増える」と予測する声が保護者にも増して多く，今後についての危機意識が強い。保護者の内訳をみても，どれもほぼ同じ結果が得られている。

（3）「いじめはこれから増えると思いますか。」

「増える」と「減る」の各合計比は保護者の平均で 85％ 対 13％，企業経営者で 87％ 対 11％ と両者ともに「増える」と予想する声がきわめて多い。双方ともほぼ同じような回答パターンを示している。

（4）「非行や暴力行為はこれから増えると思いますか。」

「増える」と「減る」の各合計比は，保護者平均で 86％ 対 13％，企業経営者で 88％ 対 11％ と，ここでも両者ともに「増える」が圧倒的多数を占める。保護者の内訳をみても，ほぼ似たパターンを示している。

（5）「学級崩壊はこれから増えると思いますか。」

「増える」と「減る」の各合計比は保護者平均で 91％ 対 15％，企業経営者で 85％ 対 13％ と，ここでも「増える」という声が両者ともに一方的に多い。「学級崩壊」といえば「正常な学級運営」を否定する現象である。それが，この様に「増える」と一般に予測する声が圧倒的というのは異常な事態といえるであろう。保護者の内訳をみても，どれもおおむね同じ回答パターンを示している。

（6）「高校中退はこれから増えると思いますか。」

「増える」と「減る」の各合計比は保護者平均で 88％ 対 9％，企業経営者で 86％ 対 12％ と，ここでも「増える」という声が圧倒的に多い。

（7）「あなたは今後，学校の教育が良くなると思いますか。」

これは，（1）「学校の教育全般について良いと思いますか。」の質問と関連す

る。(1)では学校教育の現状について「良くない」という声が保護者と企業経営者ともにきわめて多かった。一方，学校教育の「今後の予想」については「良くなる」と「悪くなる」の合計比は保護者平均で27%対70%，企業経営者で34%対63%となっていて学校教育の将来について悲観的な見方が両者ともに主流を占めている。ここでも小学生と中学生の保護者の比率はそれぞれ31%対67%および23%対72%と，(1)の場合と同じく小学生よりも中学生の保護者に悲観的な傾向がとりわけ強く，生徒の学校に対する評価が中学になって低下する調査結果と一致している。

第3節　教員，校長および指導主事による評価

　学校教育の現状，学校教育の問題および学校教育の今後の予測についての各質問の回答結果を以下にあげて考察する。
　(1)「学校の教育全般について良いと思いますか。」
　「そう思う」と「そう思わない」の合計比は教員の平均は65%対12%，校長で80%対8%，指導主事で57%対17%と，どれをみても学校教育の現状を「良い」と肯定する声が圧倒的に多く，とくに校長でいちじるしい。この点について，すでに述べた生徒の学校教育への評価や保護者の評価と学校現場の教職員や指導主事の評価との間に大きな断層が存在する。保護者では「良いと思わない」が66%，企業経営者では76%もあって，学校教育の現状への評価は厳しいのとまさに対照的な結果が出ている。生徒や保護は「波高し」といっているのに，学校現場や指導主事では「穏やかである」といっている。前者の考えによると教育改革は「必要」であることになるが，後者の考えだと「必要がない」ことになる。
　教員で小・中・高校の内訳をみると，「良いと思う」が小学校で81%，中学校で55%，高校で58%となっていて，ここでも小学生から中・高生にかけて

表1-3-1 学校教育と教育問題の現状と今後の予想

項目		教員の内訳			校長の内訳			教員平均の百分率	校長平均の百分率	指導主事
		小学校	中学校	高校	小学校	中学校	高校			
学校教育全般について公立学校の教育は良いと思いますか	とてもそう思う	14%	2%	10%	17%	17%	26%	9%	20%	1%
	ややそう思う	67%	53%	48%	75%	57%	48%	56%	60%	56%
	どちらでもない	12%	28%	20%	5%	13%	15%	20%	11%	24%
	あまりそう思わない	5%	13%	17%	3%	9%	10%	12%	8%	17%
	ほとんどそう思わない	0%	0%	1%	0%	0%	1%	0%	0%	0%
	無回答	2%	4%	2%	0%	4%	0%	3%	1%	2%
不登校はこれから増えますか	とてもそう思う	33%	38%	32%	17%	28%	21%	34%	22%	25%
	ややそう思う	51%	53%	45%	56%	52%	49%	50%	52%	47%
	どちらでもない	9%	6%	16%	20%	11%	18%	11%	16%	20%
	あまりそう思わない	7%	2%	6%	3%	7%	7%	5%	6%	8%
	ほとんどそう思わない	0%	0%	0%	2%	0%	0%	0%	1%	0%
	無回答	0%	0%	1%	2%	2%	5%	0%	3%	0%
いじめはこれから増えますか	とてもそう思う	9%	11%	12%	3%	4%	8%	11%	5%	8%
	ややそう思う	33%	47%	39%	36%	30%	40%	39%	35%	34%
	どちらでもない	42%	36%	39%	44%	54%	35%	39%	44%	47%
	あまりそう思わない	16%	6%	9%	15%	11%	10%	11%	12%	12%
	ほとんどそう思わない	0%	0%	1%	2%	0%	0%	0%	1%	0%
	無回答	0%	0%	1%	0%	2%	7%	0%	3%	0%

第1章 公立学校の現状に対する各関係者の意識 61

項　目		教員の内訳			校長の内訳			教員平均の百分率	校長平均の百分率	指導主事
		小学校	中学校	高校	小学校	中学校	高校			
非行や暴力はこれから増えますか	とてもそう思う	16%	34%	15%	8%	13%	11%	22%	11%	12%
	ややそう思う	42%	40%	43%	41%	28%	45%	42%	38%	42%
	どちらでもない	37%	26%	31%	37%	43%	28%	31%	36%	38%
	あまりそう思わない	5%	0%	9%	12%	15%	10%	4%	12%	9%
	ほとんどそう思わない	0%	0%	1%	2%	0%	0%	0%	1%	0%
	無回答	0%	0%	1%	0%	2%	6%	0%	3%	0%
学級崩壊はこれから増えますか	とてもそう思う	21%	26%	18%	7%	15%	12%	22%	11%	13%
	ややそう思う	40%	45%	45%	54%	43%	44%	42%	47%	53%
	どちらでもない	33%	28%	26%	32%	28%	27%	29%	29%	25%
	あまりそう思わない	7%	4%	9%	5%	9%	10%	7%	8%	8%
	ほとんどそう思わない	0%	0%	1%	2%	2%	1%	0%	1%	1%
	無回答	0%	0%	1%	0%	4%	6%	0%	3%	0%
高校中退はこれから増えますか	とてもそう思う	33%	34%	23%	15%	19%	13%	30%	16%	11%
	ややそう思う	56%	47%	52%	63%	56%	53%	52%	57%	63%
	どちらでもない	9%	17%	18%	19%	22%	19%	15%	20%	19%
	あまりそう思わない	0%	2%	6%	2%	2%	8%	3%	4%	7%
	ほとんどそう思わない	0%	0%	0%	2%	0%	0%	0%	1%	0%
	無回答	2%	0%	1%	0%	2%	6%	1%	3%	0%

項　目		教員の内訳			校長の内訳			教員平均の百分率	校長平均の百分率	指導主事
		小学校	中学校	高校	小学校	中学校	高校			
これから公立学校教育は良くなりますか	とてもそう思う	12%	4%	4%	3%	2%	10%	7%	5%	20%
	ややそう思う	26%	17%	25%	44%	33%	39%	23%	39%	46%
	どちらでもない	40%	30%	38%	27%	43%	29%	36%	33%	24%
	あまりそう思わない	21%	40%	25%	24%	19%	16%	29%	20%	10%
	ほとんどそう思わない	2%	6%	7%	2%	2%	2%	5%	2%	0%
	無回答	0%	2%	1%	0%	2%	4%	1%	2%	0%

の学校教育評価の低下を裏付ける答が出ている。

　次に校長で小・中・高校の内訳をみると，小学校で「良いと思う」が92％，中学校では74％，高校では74％と，中学になって下がっていて，教員の場合と同じ結果が出ている。このように生徒，保護者だけでなく，教員や校長でも共通して，小学校から中学校にかけて「生徒の実態に合わない」学校教育の現状が示されている。

　（2）「不登校はこれから増えると思いますか。」

　「増える」と「減る」の各合計比は教員で84％対5％，校長で74％対7％，指導主事で72％対8％と，どれをみても「増える」が圧倒的に多い。この点においては生徒や保護者とおおむね意見の一致がみられ，この問題の深さと学校の対応の問題が浮き彫りにされている。

　（3）「いじめはこれから増えると思いますか。」

　「増える」と「減る」の各合計比は教員で50％対11％，校長で40％対13％，指導主事で42％対12％と共通して「増える」と予想しているものの，ここで取りあげた5つの教育問題の内で教員，校長，指導主事ともに「増える」

の予想値が比較的低い。同時に「どちらでもない」が三者のいずれにおいても約4割を占めている。一方，生徒については小学生で50％，中学生で81％，高校生で80％，そして保護者については85％がいじめが「増える」と予想している。これに比べてきわめて「楽観的」といえる。

（4）「非行や暴力行為はこれから増えると思いますか。」

「増える」と「減る」の各合計比は教員で64％対4％，校長で49％対13％，指導主事で64％対9％と「増える」がいちじるしく多い。もっとも，生徒について小学生で55％，中学生で73％，高校生で62％，保護者については86％がこの問題が「増える」と予想していた。とくに保護者に比べると，見方がかなり「楽観的」といってよい。

（5）「学級崩壊はこれから増えると思いますか。」

「増える」と「減る」の各合計比は教員で64％対7％，校長で58％対9％，指導主事で66％対9％といずれも悲観的な見方が強いものの，保護者が83％も「増える」と予想しているのに比べると，なお見方が楽観的である。

（6）「高校中退はこれから増えると思いますか。」

「増える」と「減る」の各合計比は教員で72％対3％，校長で73％対5％，指導主事で74％対7％と「増える」という声が圧倒的に多く，生徒や保護者に近い認識がみられる。つまり，どの分野の人もこの問題の深刻化を予想しているといってよい。

（7）「あなたは今後，学校の教育が良くなると思いますか。」

これは（1）の「学校の教育全般について良いと思いますか。」の質問と関連する。（1）で「良い」と答えたのが教員で65％，校長で80％，指導主事で57％となっていて，とりわけ校長に「現状は良い」という意見が多かった。一方，「今後の予想」について肯定と否定の比は教員で30％対34％，校長で45％対22％，指導主事で66％対10％と，指導主事のみ現状と将来に対し一貫して楽観的な見方が強い一方では，とくに教員の間で「今後の予測」に悲観的

な見方が強い。ここではまた「どちらでもない」という回答が24～36％を占めていた。一方、保護者の回答結果を振り返ると「良くなる」が27％,「悪くなる」が70％と、かなり悲観的で、指導主事や校長とは対照的な結果が得られている。

さらに教員と校長で小・中・高校の内訳をみると、教員では「良くなると思う」が小学校で38％,中学校で21％,高校で29％となっていて、ここでも小学生から中学生にかけての生徒や保護者による学校教育評価の低下を裏付ける答が出ている。さらに校長では小学校で「良くなると思う」が47％,中学校では35％,高校では49％と、ここでも小学から中学にかけて学校教育の質の低下を裏付ける結果が出ている。

第4節 本章の考察

1 生徒について

生徒の声を聞く限り、全体に学校教育は学年を追うほど悪くなり、生徒の成長と学校の教育がうまくマッチしていないのがわかる。生徒の声が必ずしも正しいとはいえないが、少なくとも生徒が教師のいうことを理解し、納得するよう、教育し、指導する努力が不足している。学校教育について根本からの再検討が必要である。さらに授業や学習が高学年ほど生徒に合っていないのが調査結果に示されている。

とりわけ小学から中学になると学校教育への評価が急激に低下する。もっとも小学校ですでに教育の質の劣化が調査結果で多くみられる。小学校から教育環境が脆弱になる一方で、中学になると一挙に不満が噴出する。中学校を中心に教育を根本から考え直すべきである。

生徒の評価は調査結果の全体にわたって低く、学校教育の質の問題が互いに別個ではなく学校教育全般にわたる「構造的な」問題と考えてよい。

学校教育の現状だけでなく，教育問題について小学校高学年から高校生まで圧倒的に多くの生徒がその増加と深刻化を予想している。これは学校教育のクライアントであり，問題の目撃者である生徒が学校の現状とこれら問題の性質を考えて下した結論と考えてよい。現在の学校の状態の改善なくして，これら教育の問題の解決はないであろう。

2　保護者および企業経営者について

　学校の教育の現状については保護者と企業経営者ともに「良くない」との声が多数を占めていて，生徒の評価と一致している。生徒について小学から中学になると学校教育への評価が急激に低下する現象がみられた。これと同じ結果が保護者でもみられる。中学生の保護者の3分の2が学校教育全般について「良くない」と考えている。

　調査で取り上げた5つの教育問題について「これから増える」との声が保護者，企業経営者ともに圧倒的であり，生徒の声と同じ結果が得られた。とくに保護者をあげると「不登校」(92%)，「高校中退」(88%)，「非行と暴力」(86%)，それに「いじめ」(85%)，そして「学級崩壊」(83%)，の順で，今後「増える」と予想している。

　今後の学校教育の予想については保護者，企業経営者ともに「悪くなる」が圧倒的に多い。こうして学校教育の「現状が良くない」上に，「さらに悪くなる」という予想が加わえられた。

3　教員，校長および指導主事について

　「学校教育の現状」について校長をはじめ，教員，指導主事でも「良い」が「良くない」を著しく上回っている。生徒や保護者，企業経営者の声が悲観的であったのに比べて見方が驚くほど楽観的である。

　教員と校長で小・中・高校の内訳をみても，教員，校長ともに「良いと思

う」声が小学校から中学校にかけて急に低下し，生徒や保護者で小学から中学にかけて学校教育評価が低下する結果と一致していて，小学校から中学校にかけて「生徒の実態に合わない」学校教育の現状が浮き彫りにされた。

　教育問題については「不登校」，「高校中退」，「学級崩壊」，「非行と暴力」，それに「いじめ」の順で，いずれも今後「増える」が「増えない」を大きく上回っていた。「いじめ」については三者ともに「どちらでもない」という回答がとくに多くみられた。おおむね教育問題については学校側や指導主事ともに，生徒や保護者，企業経営者と共通して，悲観的な見方が強い。

　「学校教育の現状」について肯定する傾向が学校現場と指導主事に強かったのに比べると，「学校教育の今後」については悲観的な見方が比較的強い。また「どちらでもない」という回答がここではかなり多かった。教員と校長で学校教育の今後について「良くなると思う」が小学校から中学校にかけて急に低下していて，小学校から中学校にかけて生徒や保護者の学校教育評価が低下する調査結果を裏付ける答が出ている。

　今後の学校教育の予想について指導主事と校長に自信がみられる一方で，教員にやや悲観的な見方が強い。それでも保護者や企業経営者に比べると全体に見方がきわめて楽観的で，両者で対照的な結果がみられた。

第2章

「新しい学校」のあり方に関する各関係者の意識

　既存の公立学校の改善も，学校改革の一手法といえないこともないが，ここではあえて「新しい学校」という表現を用いた。

　高等学校改革は，どの都道府県においても，学校改革の第一段階として，非常に積極的に取り組む動きがみられる。しかし，義務教育の場である小・中学校においては，東京都品川区における校区の撤廃が大きく取り上げられた位で，とくに目新しいものがみあたらない状態である。こんな中では，在学中の児童・生徒から，保護者・教員に至るまで，学校改善についての個々の考えはみられても，学校改革への大胆な発想は生まれにくいと考える。よって，質問を新聞・テレビなどのマスコミで眼にするものから，想像外といえるものまで広げてみた。それには，①各学校でおおむね行われているもの，②クラス・学校の適正規模，③アメリカのチャータースクールの特長についての質問が含まれる。とくに③については，アメリカにある新しい公立学校というだけで日本人にとってヒントが得られにくい状態で，「新しい学校」と表現することで，日本人としての学校観を探ってみた。①学校による施設の所有，②民間による公立学校設立の申請，③認可時の教育目標の不達成に伴う学校閉鎖などの項目は，わが国の公立学校にあっては，考えも及ばない内容といえる。いつ実現されるのかわからない「新しい学校」についての賛否を問う一方で，次項の第3章で，「アメリカのチャータースクール」についての賛否を問い，両者の差をみることで，日本人の範疇における「新しい学校」観を明らかにする。

第1節　児童・生徒による評価

「新しい学校」に関する各質問への回答結果を以下にあげて考察する。

（1）「あなたの学校を変えたらよい部分がありますか（ありましたか）」

「たくさんある」と「多少ある」の合計が小学生で81％，中学生で88％，高校生で82％も占めていて，いずれも学校教育のあり方を変えるべきだという声が圧倒的に多い。

（2）「学校のどこを変えたらよいですか」

「校則」を変えるべきだという声が小学生で45％，中学生で65％，高校生で56％と一貫して強い。従来のしきたりに従うままで，生徒の実態やニーズを考えて改善しなかった学校教育の姿が浮き彫りにされている。「授業内容」についても小・中学生の実に半数が不満の声をあげている。カリキュラム，教授法，教材等，学校教育についてどれだけ工夫と改善を行ってきたのかと改めて考えさせられる。「一日の時間割」についてもかなり不満が強い。

この不満はとくに小学生で強く，固定したパターンでの学校生活に生徒は反発している。「年間通学日数」についても同じ結果がみられる。重要な点として「先生」が変わるべきだという声が小学生で36％，中学生で56％，高校生で39％と，いずれもかなり高い数値を示している。とくに中学生の教師像はよいものとはいえない。教師の教え方，指導のあり方とあわせて，生徒たちに納得のゆく教師のイメージの回復が求められる。「学校行事」や「部活動」など学校活動の再検討も必要である。「施設や設備」を変えてほしい声が5～6割を占める。施設が不十分なのか，それとも学校の教育に施設がマッチしていないのか，いろんな角度から検討する必要があるだろう。小学生でとくに「給食や弁当」に不満がみられる。これは生徒にとって楽しいものだけに，そのあり方をもっと考えるべきであろう。とりわけ小学生と中学生にその不満が強い。

第2章 「新しい学校」のあり方に関する各関係者の意識　69

表 2-1-1　「新しい学校」を考える

項目		小学生	中学生	高校生	小・中・高生徒の平均
あなたの学校を変えたらよい部分がありますか	たくさんある	39%	45%	37%	40%
	多少ある	42%	43%	45%	44%
	あまりない	10%	7%	13%	10%
	ほとんどない	8%	3%	5%	5%
	無回答	1%	2%	0%	1%
学校のどこを変えたらよいですか	校則	45%	65%	56%	56%
	学校行事	32%	32%	33%	32%
	授業内容	52%	52%	43%	49%
	一日の時間割	55%	43%	27%	41%
	年間通学日数	44%	35%	24%	34%
	教科書と教材	36%	26%	19%	27%
	先生	43%	56%	39%	46%
	友達	17%	12%	7%	12%
	給食・弁当	38%	13%	7%	19%
	部活動	29%	24%	12%	22%
	施設や設備	59%	60%	50%	56%
	その他	9%	4%	7%	7%
各学年で学習進度によりクラスを分ける	とても賛成	19%	15%	17%	17%
	やや賛成	28%	32%	40%	34%
	やや反対	23%	29%	29%	27%
	とても反対	28%	22%	12%	21%
	無回答	1%	2%	1%	2%

項　　目		小学生	中学生	高校生	小・中・高生徒の平均
科目毎に学習進度でクラスを分ける	とても賛成	16%	16%	17%	16%
	やや賛成	29%	31%	43%	34%
	やや反対	26%	29%	30%	28%
	とても反対	28%	22%	10%	20%
	無回答	1%	3%	1%	2%
幾つかの公立学校から選べるようにする	とても賛成	34%	37%	12%	28%
	やや賛成	36%	45%	23%	35%
	やや反対	19%	11%	30%	20%
	とても反対	9%	4%	34%	16%
	無回答	2%	3%	1%	2%
授業内容によりクラスを大小に分ける	とても賛成	14%	11%	9%	11%
	やや賛成	24%	29%	31%	28%
	やや反対	33%	37%	41%	37%
	とても反対	28%	20%	17%	22%
	無回答	2%	3%	2%	2%
授業内容により幾つかのクラスを合わせて複数の先生が教える	とても賛成	20%	13%	11%	15%
	やや賛成	32%	33%	41%	35%
	やや反対	25%	34%	32%	30%
	とても反対	22%	17%	14%	18%
	無回答	1%	3%	2%	2%

第2章 「新しい学校」のあり方に関する各関係者の意識　71

項　　目		小学生	中学生	高校生	小・中・高生徒の平均
生徒が担任を選ぶ	とても賛成	63%	56%	46%	55%
	やや賛成	21%	24%	33%	26%
	やや反対	8%	12%	15%	11%
	とても反対	8%	6%	5%	6%
	無回答	1%	3%	1%	2%
学年をなくしてさまざまの年令で構成されるクラスにする	とても賛成	11%	9%	5%	8%
	やや賛成	14%	14%	23%	17%
	やや反対	25%	32%	40%	33%
	とても反対	50%	42%	30%	41%
	無回答	1%	2%	1%	1%
保護者や地域の住民が得意な科目の授業を教える	とても賛成	22%	8%	6%	12%
	やや賛成	28%	20%	23%	24%
	やや反対	25%	36%	38%	33%
	とても反対	24%	33%	31%	29%
	無回答	1%	2%	2%	2%
授業科目をもっと選択できるほうが良いですか	もっと選択できるのがよい	64%	72%	72%	69%
	今のままでよい	35%	27%	28%	30%
	無回答	1%	1%	0%	0%

（3）「各学年で学習進度によりクラスを分ける」

　これについては賛否が小学生と中学生で47％対51％，および47％対51％と，ほぼ伯仲する一方で，高校生で57％対41％と，賛成がやや上回ってい

る。高校については生徒の選別が入試を通して行われているが,さらに学習進度によるクラス分けのニーズが生徒間で高い。一方,義務教育では生徒の選別はないものの,学習進度によるクラス分けについて生徒の意見は分かれる。

(4)「科目毎に学習進度でクラスを分ける」

これについて賛否は小・中学生で45%対54%および47%対51%と,意見が2つに分かれている。一方,高校生については(3)と同じく60%対40%と賛成が反対をかなり上回っている。(3)の結果と合わせて学級構成の見直しが必要という答が出ている。

(5)「幾つかの公立学校から選べるようにする」

「とても賛成」と「やや賛成」の合計が小学生では70%,中学生では82%,高校生では35%となっていて,小・中学生で圧倒的に学校の選択の要望が強い。もっとも,学校を選択するというからには,生徒にとって意義ある選択になるように,各学校で明確な機能と特色を備える必要があろう。

(6)「授業内容によりクラスを大小に分ける」

これについては賛否の比が小学生で38%対61%,中学生で40%対57%,高校生で40%対58%となっている。「各学年で学習進度によりクラス分けする」や「科目毎にクラス分けする」に比べると支持はやや下がるが,それでもほぼ4割の生徒が「授業内容によるクラス分け」を希望しており,学級構成の再検討の必要がある。

(7)「授業内容により幾つかのクラスを合わせて複数の先生が教える」

これについては賛否の比が小学生で52%対47%,中学生で46%対51%,高校生で52%対46%と,全体に賛否が伯仲している。

(8)「生徒が担任を選ぶ」

これについては賛否の比が小学生で84%対16%,中学生で80%対18%,高校生で79%対20%と,いずれも圧倒的に「担任の選択」を支持している。

(9) 「学年をなくしてさまざまの年齢で構成されるクラスにする」

これについては賛否の比が小学生で25%対75%，中学生で23%対74%，高校生で28%対70%と，全体に支持はかなり低くなっている。学習進度によるクラス分けの方は支持しても，年齢の異なるクラスの編成には生徒間でかなり抵抗がみられる。

(10) 「保護者や地域の住民が得意な科目の授業を教える」

これについては賛否の比が小学生で50%対49%，中学生で28%対69%，高校生で29%対69%と，小学生でとくに支持が強い。従来のように学校教員だけでなく外部の人を受け入れる柔軟性が小学生でとくに強いといえる。

(11) 「授業の科目は自分でもっと選べるようにしたほうがよいですか。」

これについては賛否の比が小学生で64%対35%，中学生で72%対27%，高校生で72%対28%と，「科目の選択」を求める声が圧倒的に強い。すでに述べたように，授業の理解度は学年を追う毎に低下しているが，その一方で授業科目を選びたい気持ちは強くなってゆく。

(12) 「クラスの生徒数はどれくらいですか。」

生徒が在籍する学級の生徒数は小学生で平均34人，中学生で平均37人，高校生で平均37人と答えている。標準偏差は小学で6，中学で5，高校で3と学年が上がるにつれて少なくなってゆく。少子化の影響がこの数字にもみられ，今後，学校の統廃合が着実に進むと予想される。また現在，小学校の学級生徒数がもっとも少ない点は今後の学校の統廃合や学級生徒数の調整と関連して，注目される。

(13) 「クラスの生徒数は今ぐらいが良いと思いますか。良くない場合は何人ぐらいが良いと思いますか。」

さて，現在の学級の生徒数で良いか聞いたところ，「今ぐらいが良い」は小学生で63%，中学生で63%，高校生で72%と全体に高く，しかも高校になってさらに高くなる。これは授業が分からない生徒が高学年ほど多いのを考える

表 2-1-2 学校生活を考える (3)

項目		小学生	中学生	高校生	小・中・高生徒の平均
今のクラスの生徒数	人数（平均および標準偏差）	34(6)	37(5)	37(3)	36(5)
今のクラスの生徒数で良いですか	今くらいで良い	63%	63%	72%	66%
	今で良いと思わない	37%	36%	28%	34%
	無回答	0%	1%	0%	0%
学級生徒数	人数（平均および標準偏差）	28(14)	28(12)	30(16)	29(14)
今の学校の生徒数	人数（平均および標準偏差）	623(282)	743(369)	1,040(304)	802(318)
今の学校の生徒数で良いですか	今くらいで良い	63%	70%	80%	71%
	今で良いと思わない	36%	28%	18%	27%
	無回答	1%	2%	2%	2%
学校生徒数はどれくらいが良いと思いますか	人数（平均および標準偏差）	599(305)	428(255)	823(875)	617(478)

と興味深い。授業がわからないなら学級生徒数を減らせば教師の指導と注意がゆきとどくという，いわゆる限定資源配分の概念と生徒の考えは必ずしも一致しない。一方，小学から高校まで平均して3割強が現在のクラスの生徒数で良いと考えていない。

次に，現在のクラスの生徒数で良いと考えていない生徒に学級生徒数は何人ぐらいが良いか聞いたところ，小学生で平均28人，中学生も平均28人，高校生で平均30人という答えが得られた。これは現在の学級生徒数より6～9人少ない。

(14)「今の学校の生徒数は何人ですか。」

現在生徒が在籍する学校の生徒数を聞いたところ,小学生で平均632人,中学生で平均743人,高校生で平均1,040人と答えていて,高学年ほどマンモス化している。もっとも,少子化は低学年ほど進んでいるので今後,中学校と高校,とくに後者で生徒数が減少すると考えられる。

(15)「学校の生徒数は今ぐらいが良いと思いますか,良くない場合は何人ぐらいがよいと思いますか。」

小学生から高校生まで学校の生徒数が「今ぐらいでよい」という声はそれぞれ63%,70%,80%と高く,高学年ほど現状維持の傾向が強くなる。一方,「よいと思わない」生徒に理想的な学校生徒数を聞いたところ,小学生で平均599人,中学生で平均428人,高校生で平均823人と答えている。小・中・高校のそれぞれの学年数を考慮すると,高校生よりも小・中学生,とくに後者で学校の生徒数を減らしてほしいと望む声が強い。このように学年が下がるほど「小さい学校」を受け入れる傾向が強いといってよい。

第2節 保護者および企業経営者による評価

以下に,「新しい公立学校」のあり方に関する各質問の回答結果をあげて考察する。

(1)「『新しい公立学校』の運営者は学校関係者に限った方が良いと思いますか。」

「従来通り学校関係者に限るのがよい」と「学校関係者以外の人々も参加するのがよい」の比は保護者平均で12%対84%,企業経営者で5%対92%といずれも「開かれた学校」を求める声がいちじるしく強い。とくに企業経営者はこの点についてほとんどが学校の開放を求めているといってよい位である。

(2)「学校関係者以外の人々も参加した方がよい場合,どのような人が学

表 2-2-1 「新しい学校」のあり方について

項　　　目		保護者の内訳			保護者平均(小・中)	企業経営者
		小学生の保護者	中学生の保護者	高校生の保護者		
新しい公立学校の運営者は学校関係者に限った方が良いですか	学校関係者に限った方が良い	11%	12%	14%	12%	5%
	学校以外の人々も参加したら良い	86%	84%	81%	84%	92%
	無回答	3%	4%	4%	4%	3%
学校運営に参加すべき人	保護者	54%	52%	51%	52%	44%
	元教員	28%	24%	32%	28%	17%
	地域の人々	70%	73%	64%	69%	82%
	学識経験者	22%	27%	31%	27%	15%
	企業管理職・経営者	37%	44%	42%	41%	52%
	有名人	17%	19%	16%	17%	15%
	その他	9%	9%	10%	9%	9%
校長を学校外から選ぶことについて	とても良いと思う	24%	27%	26%	26%	43%
	少し良いと思う	47%	50%	49%	49%	39%
	あまり良くないと思う	21%	17%	18%	19%	11%
	とても良くないと思う	4%	2%	3%	3%	3%
	無回答	4%	4%	3%	4%	4%
保護者として教育参加することについて	理事会のメンバーとして参加する	7%	10%	11%	9%	51%
	意見を述べる程度で参加する	68%	51%	55%	58%	37%
	単に出席する程度で参加する	14%	20%	15%	16%	5%
	参加したくない	8%	11%	10%	10%	3%
	無回答	3%	7%	9%	7%	3%

項　　目		保護者の内訳			保護者平均(小・中)	企業経営者
		小学生の保護者	中学生の保護者	高校生の保護者		
学校の教育内容の決定にあたって	法の規定を適用すべき	6%	5%	4%	5%	7%
	ある程度自由に決めたらよい	74%	69%	71%	71%	70%
	学校独自で決めたらよい	18%	19%	19%	18%	21%
	無回答	3%	6%	6%	5%	3%
入学時に教育目標を保護者に知らせることについて	必要である	95%	92%	85%	91%	93%
	必要でない	4%	3%	11%	6%	4%
	無回答	2%	5%	4%	4%	2%
学年のはじめに教育目標を知らせることについて	必要である	93%	89%	86%	89%	93%
	必要でない	5%	5%	12%	7%	4%
	無回答	2%	5%	3%	3%	3%
学年末に教育目標の達成度について知らせることについて	必要である	89%	86%	80%	85%	89%
	必要でない	8%	6%	14%	9%	7%
	無回答	4%	8%	6%	6%	4%
子どもが在籍する学級生徒数	人（平均）	33 (5)	36 (4)	39 (4)	36 (4)	29 (12)
学級生徒数はどれくらいが良いと思いますか	人（平均）	26 (10)	27 (10)	29 (6)	27 (9)	29 (10)
現在の一日の授業時間数について	もっと増やすべき	27%	25%	24%	25%	36%
	減らすべき	53%	52%	61%	55%	39%
	無回答	20%	23%	15%	20%	25%

項　　　目		保護者の内訳			保護者平均(小・中・高)	企業経営者
		小学生の保護者	中学生の保護者	高校生の保護者		
学校施設規模はどれくらいが良いと思いますか	今ぐらいがよい	45%	46%	39%	43%	35%
	もう少し小さくてもよい	19%	20%	22%	20%	18%
	目的にかなえば規模を問わない	32%	31%	36%	33%	38%
	無回答	5%	3%	3%	4%	9%
学校が施設の所有権を有すべきだと思いますか	有すべき	62%	51%	49%	54%	45%
	有さなくてもよい	33%	42%	44%	40%	49%
	無回答	6%	7%	6%	6%	7%
学校施設の内容について	現在みられる施設内容が必要	55%	58%	43%	5.2%	42%
	目的に合っていれば内容を問わない	40%	36%	52%	43%	52%
	無回答	5%	6%	5%	5%	6%
学校施設を規制する法を適用すべきですか	今まで通り法を適用する	30%	27%	28%	28%	23%
	法の適用を緩める	41%	42%	46%	43%	45%
	最小限の法の適用でよい	24%	26%	19%	23%	25%
	無回答	5%	6%	6%	6%	7%
民間で公立学校を申請，設立することについて	大いに賛成	23%	19%	21%	21%	29%
	やや賛成	55%	62%	57%	58%	47%
	やや反対	15%	12%	14%	13%	14%
	大いに反対	3%	2%	2%	2%	2%
	無回答	6%	6%	7%	6%	7%

項　目		保護者の内訳			保護者平均(小・中・高)	企業経営者
		小学生の保護者	中学生の保護者	高校生の保護者		
認可時の教育目標の不達成にともなう学校の閉鎖について	大いに賛成	18%	13%	16%	15%	21%
	やや賛成	45%	46%	44%	45%	33%
	やや反対	29%	31%	29%	30%	33%
	大いに反対	5%	7%	5%	5%	10%
	無回答	4%	4%	6%	5%	3%
生徒や親が公立学校を選べない現行制度の改善について	このままでよい	33%	30%	29%	31%	31%
	変えた方がよい	64%	68%	67%	66%	66%
	無回答	3%	2%	4%	3%	3%

校運営に参加すべきだと思いますか。」（複数回答可）

　回答の選択肢として「保護者」、「元教員」、「地域の人々」、「大学教官等の学識経験者」、「企業管理職や経営者」、「マスコミ等で取り上げられる有名人」、「その他」をあげたところ，保護者では「地域の人々」(69%)，「保護者」(52%)，「企業管理職や経営者」(41%) が多く，企業経営者では「地域の人々」が82%ともっとも多く，次いで「企業管理職や経営者」(52%)，そして「保護者」(44%) と多い。

　（3）「学校運営の責任者である校長を教員以外の外部の人々から選ぶことについてどう思いますか」

　「よい」と「よくない」の合計比は保護者平均で75%対22%，企業経営者で82%対14%と，ここでも (1) の「学校運営者を学校関係者に限るべきか」の調査結果と同じく，「学校の開放」を求める声が圧倒的に多く，とりわけ企業経営者に学校運営の開放を求める傾向が強い。小学生の保護者より中学生の

保護者で「校長職の開放」の声が強い点は興味深い。実際，中学生といえば大人の思考と能力の基盤ができ上がっている時である。この成長期に「教員として型にはまっていない」一般社会人の校長が教育での柔軟性を示して，リーダーシップを発揮することは大きな意義があると考えているに違いない。中学校で一般社会人に校長のポストを開放することにより，社会との交流を促進する役割を担ってもらうべきではなかろうか。

（4）「保護者として学校運営に参加することについてどう思いますか。」

保護者については「意見を述べる程度なら参加する」が58%と，圧倒的に多く，「意見を述べずに単に出席する程度なら参加する」が16%で続いている。一方，企業経営者になると「運営の中心的役割を果たす理事会のメンバーとして参加したい」が51%とトップで，「意見を述べる程度なら参加する」が37%で続いている。学校教育参加について後者の方が一層積極性を示している。

（5）「学校で教育内容を決定することについてどう思いますか」

保護者と企業経営者とも「ある程度の規定は適用されるが，学校の事情に合わせて決められる部分もあるのが良い」がそれぞれ71%および70%と，圧倒的に多く，「学校独自で決めたらよい」がそれぞれ18%および21%で続いている。その一方で「学習指導要領等の規定により決めるのが良い」という，現状を肯定する声はそれぞれ5%および7%と，きわめて少数である。また「学校独自で決めたらよい」が企業経営者では21%と比較的多く，学校の自主運営を支持する傾向が強い点は注目されよう。

（6）「入学段階で教育目標を生徒や保護者に知らせることについてどう思いますか。」

「知らせる必要がある」と「必要がない」の比は保護者平均で91%対6%，企業経営者で93%対4%と満場一致に近い支持が得られている。これは社会一般の傾向を示していると思われる。

（7）「学年のはじめにその年度の教育目標を知らせることについてどう思いますか。」

「知らせる必要がある」と「必要がない」の比は保護者平均が89％対7％，企業経営者が93％対4％と，（6）と同じく，ほぼ全員が賛成で一致している。

（8）「学年の終りに教育目標の達成度を報告することについてどう思いますか」

「知らせる必要がある」と「必要がない」の比は保護者平均で85％対9％，企業経営者で89％対7％と，（6）や（7）と同じく，どちらも賛成が圧倒的多数を占める。保護者の内訳をみると小学から高校まで学年が下がるにつれ，「必要」の声が強くなるのは興味深い。

（9）「現在のあなたの学級生徒数は何人ですか。」

子どもの学級生徒数は保護者平均で平均36人，企業経営者で平均29人となっている。保護者の内訳では小学校で平均33人・中学校で平均36人，高校で平均39人と，順に学級生徒数が多くなっている。これは生徒の回答結果とほぼ一致している。

（10）「1学級の生徒数はどれくらいが良いと思いますか。」

理想的な学級生徒数については保護者平均で平均27人，企業経営者が平均29人と答えている。保護者の内訳では小学校で平均26人，中学校で平均27人，高校で平均29人と，学年が上がるにつれて理想的な学級生徒数が増えてゆき，すでにあげた生徒の回答結果に近い数字が出ている点は注目される。

（11）「1日の授業時間数を今より増やした方が良いと思いますか，それとも減らした方が良いと思いますか。」

「増やした方が良い」と「減らした方が良い」の比は保護者平均で25％対55％，企業経営者で36％対39％と「減らすべき」という意見が全体に多数を占める一方で，「増やすべき」という意見が企業経営者で比較的強い。保護者の内訳をみると小学校から高校にかけて授業時間数を「増やすべき」の声がそ

れぞれ27%, 25%, 24%と, しだいに少なくなってゆく。

(12) 「学校施設の大きさはどれくらいが良いと思いますか。」

保護者と企業経営者ともに「今ぐらいの規模が望ましい」(それぞれ43%および35%)と「目的にかなった教育ができれば,どんなに小さくてもよい」(それぞれ33%および38%)という意見が多いが,その中でも保護者は「今ぐらいの規模が望ましい」が43%を占め,現状を肯定する傾向がやや強くみられる。一方,企業経営者は「目的にかなった教育ができれば,どんなに小さくてもよい」が38%と,教育目的をまず優先して考えるべし,と考える傾向が比較的強い。保護者の内訳をみると小学校から高校にかけて考えにやや柔軟性の増してゆくのがわかる。

(13) 「学校施設の所有権についてどう思いますか。」

保護者平均では「学校が所有する物件が望ましい」が54%に対し,「貸借でもかまわない」は40%となっていて,現状維持を求める声がやや強い。一方,企業経営者では「貸借でもかまわない」という声が49%に対し,「学校が所有する物件が望ましい」は45%となっていて,(12)の調査結果と同様,教育目的が施設に優先するとの考えが比較的強い。さらに保護者の内訳を見ると小学校から高校にかけて「有すべき」がそれぞれ62%, 51%, 49%と下がってゆき,「有さなくても良い」がその一方で33%, 42%, 44%と増えてゆき, (12)の調査結果と同じく,教育目的優先の傾向がみられる。

(14) 「学校施設の内容についてどう思いますか。」

保護者平均では「現在,一般的に学校に備わっている施設や設備が必要である」が52%,「教育の目的に合わせた施設だけでよい」は43%と,学校の現状維持を求める傾向がやや強い一方で,企業経営者は「教育の目的に合わせた施設だけでよい」が52%,「現在,一般的に学校に備わっている施設や設備が必要である」は42%と数値が逆転していて, (12)や(13)の調査結果と同様,教育目的を優先する傾向が比較的強い。保護者の内訳でみると高校生の保

護者では「目的に合っていれば内容を問わない」が52％を占めていて、保護者の中でもとりわけ自由な考えがみられる。

(15) 「学校の設備に関して，基準を定めた法律を適用することについてどう思いますか。」

「法の適用をもっとゆるめた方がよい」と「最小限の法の適用でよい」の合計が保護者と企業経営者の双方とも6割以上を占め，現状を改善すべきとの考えが強い。なかでも企業経営者では「法の適用をもっとゆるめた方がよい」という声が45％に上る。一般に教育目的を明確にした，自由な教育を志向しているといえよう。保護者の内訳をみると小学校から高校にかけて「法の規制を緩める」が41％，42％，46％と，自由を求める傾向がしだいに強くなってゆく。

(16) 「個人や民間の団体が学校設立の申請をし，教育委員会等の認可を得て学校を作り，その運営費を国や県，市町村等が出す「新しい公立学校」についてどう思いますか。」

「賛成」と「反対」の比は保護者平均で79％対15％，企業経営者で76％対16％と，どちらも圧倒的に「賛成」の声が多い。教育における民間資源の活用が社会全般で支持されているのがわかる。

(17) 「認可した教育委員会等がこの「新しい公立学校」の運営について，学校設立時の教育目標に達していないと判断した場合，学校を閉鎖することについてどう思いますか。」

「賛成」と「反対」の比は保護者平均で60％対35％，企業経営者では54％対43％ととくに保護者で賛成が多数を占める。「大いに賛成」だけをみれば企業経営者は21％と保護者よりも多く，逆に「大いに反対」は保護者よりも多く，意見がわかれている。

(18) 「生徒や親が行きたい公立の小・中学校を選べない現在の制度はこのままで 良いと思いますか。」

「公立学校の選択」はますます重要な課題になると考えられる。さて「公立学校の選択」について「このままで良い」と「変えた方が良い」の比は保護者平均で31％対66％，企業経営者でも31％対66％と，どちらも学校選択を支持する声がいちじるしく強い。ここで生徒の回答結果を振り返ると小学5, 6年生で70％，中学生で82％，高校生で35％と，とくに小・中学生に賛成の声が圧倒的であった。生徒と，保護者や企業経営者の考えは程度の差こそ，支持の点で共通している。なお，保護者の内訳で見ると，小学から高校まで順に「このままで良い」という現状維持の声がそれぞれ33％，30％，29％と減少してゆく。

第3節　教員，校長および指導主事による評価

以下に，「新しい学校」のあり方に関する各質問の回答結果をあげて考察する。
（1）「「新しい公立学校」の運営者は学校関係者に限った方が良いと思いますか。」

「従来通り学校関係者に限るのがよい」と「学校関係者以外の人々も参加するのがよい」の比は教員で31％対68％，校長で27％対70％，指導主事で17％対82％といずれも「開かれた学校」を求める意見がいちじるしく強い。一方，保護者平均はこれが12％対84％であり，保護者と学校現場や指導主事ともに「学校の開放」を求める声が強い。
（2）「学校関係者以外の人々も参加した方がよい場合，どのような人が学校運営に参加すべきだと思いますか。」

選択肢として「保護者」，「元教員」，「地域の人々」，「大学教官等の学識経験者」，「会社の管理職や経営者」，「マスコミ等で取り上げられる有名人」，「その他」をあげたところ，「地域の人々」がトップにあげられ，次に「保護者」や

表 2-3-1 「新しい学校」について

項目		教員の内訳			校長の内訳			教員平均の百分率	校長平均の百分率	指導主事
		小学校	中学校	高校	小学校	中学校	高校			
新しい学校の運営者は限った方が良いですか	学校関係者に限った方が良い	28%	38%	27%	29%	28%	23%	31%	27%	17%
	学校以外の人々も参加したら良い	72%	60%	71%	68%	70%	70%	68%	70%	82%
	無回答	0%	2%	2%	3%	2%	7%	1%	4%	1%
学校運営に加参すべき人	保護者	52%	43%	47%	63%	61%	41%	47%	55%	70%
	元教員	19%	25%	21%	33%	29%	32%	22%	31%	19%
	地域の人々	90%	82%	72%	93%	92%	63%	81%	83%	82%
	学識経験者	42%	11%	32%	35%	18%	34%	28%	29%	40%
	企業管理職・経営者	48%	50%	55%	63%	50%	74%	51%	62%	58%
	有名人	6%	0%	9%	10%	0%	12%	5%	7%	6%
	その他	6%	7%	11%	8%	8%	12%	8%	9%	6%
校長を学校外から選ぶことについて	とても良いと思う	5%	0%	9%	5%	7%	10%	5%	8%	14%
	少し良いと思う	21%	26%	35%	41%	33%	50%	27%	41%	52%
	あまり良くないと思う	58%	51%	42%	46%	48%	30%	50%	41%	27%
	とても良くないと思う	16%	21%	13%	3%	9%	5%	17%	6%	5%
	無回答	0%	2%	2%	5%	2%	5%	1%	4%	2%
保護者として教育参加することについて	理事会のメンバーとして参加する	9%	2%	16%	25%	19%	15%	9%	20%	39%
	意見を述べる程度で参加する	88%	74%	71%	69%	72%	76%	78%	73%	58%

項　　　目		教員の内訳			校長の内訳			教員平均の百分率	校長平均の百分率	指導主事
		小学校	中学校	高校	小学校	中学校	高校			
保護者として教育参加することについて	単に出席する程度で参加する	0%	13%	5%	0%	6%	0%	6%	2%	0%
	参加したくない	2%	9%	7%	0%	2%	4%	6%	2%	2%
	無回答	0%	2%	1%	5%	2%	4%	1%	4%	1%
学校の教育内容の決定にあたって	現在みられるように規定を適用すべき	5%	6%	6%	19%	15%	8%	6%	14%	19%
	ある程度，学校で自由に決めたらよい	93%	91%	85%	75%	81%	81%	90%	79%	71%
	学校独自で決めたらよい	2%	2%	7%	2%	2%	7%	4%	4%	7%
	無回答	0%	0%	1%	5%	2%	4%	0%	4%	3%
入学時に教育目標を保護者に知らせることについて	必要がある	98%	96%	97%	92%	98%	96%	97%	95%	98%
	必要がない	0%	4%	1%	3%	0%	1%	2%	1%	0%
	無回答	2%	0%	1%	5%	2%	3%	1%	3%	2%
学年のはじめに教育目標を知らせることについて	必要がある	98%	98%	94%	93%	98%	94%	97%	95%	98%
	必要がない	0%	2%	4%	2%	0%	3%	2%	2%	0%
	無回答	2%	0%	2%	5%	2%	3%	1%	3%	2%
学年末に教育目標の達成度について知らせることについて	必要がある	88%	94%	89%	88%	87%	92%	90%	89%	96%
	必要がない	9%	6%	9%	7%	9%	4%	8%	7%	2%
	無回答	2%	0%	3%	5%	4%	4%	2%	4%	2%
あなたの学級の生徒数	人（平均および標準偏差）	37 (3)	37 (2)	38 (4)				37 (3)		38 (4)
学級生徒数はどれくらいが良いと思いますか	人（平均および標準偏差）	26 (5)	26 (5)	28 (7)	28 (5)	28 (5)	29 (8)	27 (6)	28 (6)	28 (6)

第2章 「新しい学校」のあり方に関する各関係者の意識

項　目		教員の内訳			校長の内訳			教員平均の百分率	校長平均の百分率	指導主事
		小学校	中学校	高校	小学校	中学校	高校			
現在の一日の授業時間数について	もっと増やすべき	5%	6%	18%	24%	11%	33%	10%	23%	18%
	減らすべき	84%	74%	63%	56%	78%	42%	74%	59%	58%
	無回答	12%	19%	19%	20%	11%	24%	17%	19%	23%
学校施設規模はどのくらいが良いと思いますか	今ぐらいがよい	58%	49%	37%	39%	46%	46%	48%	44%	50%
	もう少し小さくてもよい	21%	26%	32%	32%	30%	28%	26%	30%	27%
	目的にかなえば規模は問わない	16%	15%	28%	20%	19%	19%	20%	19%	16%
	無回答	5%	11%	4%	8%	6%	7%	6%	7%	8%
学校が施設の所有すべきだと思いますか	するべき	60%	66%	67%	75%	78%	59%	65%	71%	58%
	しなくてもよい	35%	28%	30%	22%	19%	35%	31%	25%	40%
	無回答	5%	6%	3%	3%	4%	6%	5%	4%	2%
学校施設の内容について	現在みられる施設内容が必要	74%	70%	63%	71%	72%	60%	69%	68%	56%
	目的に合っていればよい	21%	26%	34%	22%	26%	35%	27%	28%	40%
	無回答									
学校施設を規制する法を適用すべきですか	今まで通り法を適用する	23%	34%	31%	34%	39%	20%	29%	31%	23%
	法の適用を緩める	58%	53%	58%	56%	48%	72%	56%	59%	72%
	衛生と安全が保たれれば規制は必要ない	12%	9%	10%	7%	11%	4%	10%	7%	4%
	無回答	7%	4%	2%	3%	2%	4%	4%	3%	1%

項　　目		教員の内訳			校長の内訳			教員の平均百分率	校長の平均百分率	指導主事
		小学校	中学校	高校	小学校	中学校	高校			
民間で公立学校を申請，設立することについて	大いに賛成	21%	6%	13%	17%	17%	20%	14%	18%	9%
	やや賛成	49%	49%	50%	47%	46%	61%	49%	52%	60%
	やや反対	21%	32%	26%	25%	24%	14%	26%	21%	23%
	大いに反対	5%	6%	8%	3%	7%	1%	6%	4%	5%
	無回答	5%	6%	3%	7%	6%	3%	5%	5%	3%
認可時の教育目標の不達成に伴う学校の閉鎖について	大いに賛成	12%	17%	22%	22%	15%	32%	17%	23%	31%
	やや賛成	47%	40%	41%	42%	52%	38%	43%	44%	48%
	やや反対	33%	38%	25%	31%	20%	16%	32%	22%	17%
	大いに反対	7%	4%	7%	3%	7%	5%	6%	5%	3%
	無回答	2%	0%	5%	2%	6%	9%	2%	5%	2%
生徒や親が公立学校を選べない現行制度の改善について	とてもそう思う	9%	11%	10%	8%	0%	4%	10%	4%	7%
	ややそう思う	19%	30%	24%	31%	35%	27%	24%	31%	25%
	どちらでもない	51%	40%	30%	36%	26%	30%	41%	30%	26%
	あまりそう思わない	14%	17%	25%	20%	30%	25%	18%	25%	29%
	ほとんどそう思わない	7%	2%	9%	3%	7%	6%	6%	6%	12%
	無回答	0%	0%	2%	2%	2%	7%	1%	4%	1%

「会社の管理職や経営者」を求める声が多かった。さらに「大学教官等の学識経験者」と「元教員」が少し遅れて続く。

　（3）「学校運営の責任者である校長を教員以外の外部の人々から選ぶことについてどう思いますか」

　「よい」と「よくない」の合計比は教員で32％対67％，校長で49％対47

%, 指導主事で66% 対32% と, 指導主事や校長, とくに前者に支持傾向が強いのに比べ, 教員にはかなり抵抗がみられる。一方, 保護者は「よい」と「よくない」の合計比は75% 対22% と, 校長を教員以外から選ぶべきとの声が強い。「学校の開放」を求める声は教員を除いて, 全体に支持に傾いているといえる。

（4）「あなたが保護者ならば, 学校運営に参加することについてどう思いますか。」

「意見を述べる程度なら参加する」という声は教員, 校長, 指導主事でそれぞれ78%, 73%, 58% と圧倒的に多く,「運営の中心的役割を果たす理事会などがあればそのメンバーとして参加したい」がそれぞれ9%, 20%, 39% と, 続く。「意見を述べずに出席する程度なら参加する」や「参加したくない」はいずれも6% 以下と, きわめて少なく, 全体に参加の意思が強い。三者のいずれもが教育参加について保護者より一層, 積極性を示している。

（5）「学校で教育内容を決定する方法について」

三者とも共通して「ある程度の規定は適用されるが, 学校の事情に合わせて決められる部分もあるのが良い」が70〜90% と圧倒的に多く, 自由化を求める傾向にある。「現在のように, 学習指導要領等の規定により決めるのが良い」という声は6〜19% と比較的少ない。また,「学校独自で決めたらよい」という完全自由化を求める声は4〜7% にとどまっている。

（6）「入学段階で教育目標を生徒や保護者に知らせることについてどう思いますか。」

「知らせる必要がある」と「必要がない」の比は教員で97% 対1%, 校長で95% 対1%, 指導主事で98% 対0% とどの分野の人にも支持が得られている。これは保護者が91 対6% で賛成しているのとほぼ一致する。

(7)「学年のはじめにその年度の教育目標を知らせることについてどう思いますか。」

「知らせる必要がある」と「必要がない」の比は教員が97%対2%,校長が95%対2%,指導主事が98%対0%とここでもほぼ賛成で意見の一致がみられる。一方,保護者は89%対7%と,ここでも全員に一致した答えが得られている。

(8)「学年の終りに教育目標の達成度を報告することについてどう思いますか」

「知らせる必要がある」と「必要がない」の比は教員で90%対8%,校長で89%対7%,指導主事で96%対2%と,(6)および(7)の調査結果と同じく,賛成が圧倒的多数を占める。これは保護者の85%対9%という回答結果とほぼ一致する。

(9)「現在のあなたの学級生徒数は何人ですか。」

現在教えている(あるいは教えていた)学級の生徒数については教員,指導主事でそれぞれ37人と38人となっている。

(10)「1学級の生徒数はどれくらいが良いと思いますか。」

理想的な学級生徒数については,教員では平均27人,校長は平均28人,そして指導主事は平均28人と答えている。これらは生徒や保護者と似通った数値である点は注目される。

(11)「1日の授業時間数を今より増やした方が良いと思いますか,それとも減らした方が良いと思いますか。」

「増やした方が良い」と「減らした方が良い」の比は教員で10%対74%,校長で23%対59%,指導主事で18%対58%と「減らすべき」という意見が多数を占める。さて保護者の回答結果をみると25%対55%で,「減らすべき」という考えで一致している。この点で意見がわかれているのは企業経営者だけである。

(12) 「学校施設の大きさはどれくらいが良いと思いますか。」

全体として「今ぐらいの規模が望ましい」の声が 44～50% ともっとも多く,「もう少し小さくてもよい」が 26～30% で, その後を追っている。「目的にかなった教育ができれば, どんなに小さくてもよい」の声は 16%～20% とやや少ない。さて保護者の方は「今ぐらいの規模が望ましい」が 43% で最多である点は変わらないが, 次に「目的にかなった教育ができれば, どんなに小さくてもよい」が 33% と, かなり多数を占める点で異なっている。学校側や指導主事よりも保護者の方で, 教育の目的意識を明確にして学校施設を決めればよい, と割り切って考える傾向を示している。

(13) 「学校施設の所有権についてどう思いますか。」

「学校が所有する物件が望ましい」と「貸借でもかまわない」の比は教員で 65% 対 31%, 校長で 71% 対 25%, 指導主事で 58% 対 40% と「学校が所有する物件が望ましい」が多数を占めている。とくに指導主事よりも校長や教員という学校現場側で施設所有の考えが強い。さて保護者をみると 54% 対 40% で「所有すべき」という声が学校現場に比べると少ない。ここでも保護者は学校施設の所有うんぬんより, 明確な目的のもとに教育すべきとの考えが比較的強い。

(14) 「学校施設の内容についてどう思いますか。」

「現在, 一般的に学校に備わっている施設や設備が必要である」という意見が 56～69% と多数を占めている。一方,「教育の目的に合わせた施設だけでよい」という考えは 27～40% と, かなり少なくなる。その内では指導主事は「教育の目的に合わせた施設だけでよい」が 40% にのぼり, 他よりも自由な考えがみられる。一方, 保護者をみると, これが 52% 対 43% と, 学校現場よりも教育目的を優先させる傾向がみられる。

(15)「学校の設備に関して，基準を定めた法律を適用することについてどう思いますか。」

「法の適用をもっとゆるめた方がよい」が56〜72%ともっとも多く，「今までどおり，法の規制を適用するのがよい」が23〜31%と，遅れて続いている。「衛生と安全が保たれれば，法の規制は必要ない」は4〜10%と，規制をあまり無くすことには抵抗がみられる。

一方，保護者はこれら3つの選択肢に賛成が分散する傾向が比較的強くて，「法の適用を緩める」と「最小限の法の適用でよい」の合計が66%を占め，リベラルな考えを示す。この点でも保護者に目的追求を優先する傾向が強い。

(16)「個人や民間の団体が学校設立の申請をし，教育委員会等の認可を得て学校を作り，その運営費を国や県，市町村等が出す「新しい公立学校」についてどう思いますか。」

「賛成」と「反対」の比は教員で63%対32%，校長で70%対25%，指導主事で69%対28%と「賛成」が圧倒的に多い。一方，保護者をみてもこれが79%対15%となっていて，ここで全員で意見の一致がみられる。

(17)「認可した教育委員会等がこの「新しい公立学校」の運営について，学校設立時の教育目標に達していないと判断した場合，学校を閉鎖することについてどう思いますか。」

「賛成」と「反対」の比は教員で60%対38%，校長で67%対27%，指導主事で79%対20%と賛成が多数を占め，とくに指導主事ではほぼ4対1にまでその支持が上昇する。一方，保護者をみるとこれが60%対35%になっていて，(17)の結果に比べて，やや保守的な傾向を示す。学校が簡単に閉鎖されると子どもの行く先を心配しなければならない，という考えが働いていると考えられる。

(18) 「生徒や親が行きたい公立の小・中学校を選べない現在の制度はこのままで良いと思いますか。」

公立学校の選択については肯定と否定の比は教員で34%対24%,校長で35%対31%,指導主事で32%対41%と賛否が伯仲している。また。「どちらでもない」が回答の26〜41%と,かなりの部分を占める。一方,保護者をみると「このままで良い」が31%に対して「変えた方が良い」が66%と,学校選択を支持する声がいちじるしく強い。生徒の回答結果をみても小学生5,6年生で70%,中学生で82%,高校生で35%と,小・中学生に賛成の声が圧倒的であった。公立学校の選択については学校側や指導主事と生徒,保護者の考えに大きなズレがあるといえる。

第4節 本章の考察

1 生徒について

「学校を変えたら良い部分がありますか」という質問に対しては「ある」が中学をピークに圧倒的に多かった。不満はとくに「校則」,「授業内容」,「時間割」,それに「先生」に向けられていた。とりわけ中学生の「教師像」は約半数が「変えるべき」というほど,良いとはいえない。これは学校教育において「何が良いか」を考えて追求するよりも,「伝統的」に学校運営を行ってきた結果だといえるだろう。

「公立学校を選択する」ことについては,とりわけ小・中学生で支持が圧倒的に多かった。「生徒が担任を選ぶ」や「授業科目をもっと自分で選択できるようにする」についても同じであった。クラスの生徒数については1学級34〜37人と少子化現象がみられた。生徒数の現状について「今ぐらいが良い」という声が6〜7割を占め,「良いと思わない」生徒は1学級平均28〜30人が理想的と考えている。

学校の生徒数について「今ぐらいでよい」という声は6～8割を占めていて，「今ぐらいでよいとは思わない」生徒は平均428人～823人が理想的な学校生徒数と考えている。これは，現状の623人から1,040人という数字よりも200人ほど少ないことになる。

不登校経験のある生徒は，学級および学校の生徒数について小規模志向を示していた。

2　保護者および企業経営者について

「学校運営者は学校関係者に限るべきでない」という声や「校長のポストを外部の人々に」という声は保護者，企業経営者ともに強く，「開かれた学校」が求められている。保護者が「学校運営に参加する」ことについて「賛成」が多い一方で，参加の仕方については「意見を述べる程度なら参加する」が保護者でもっとも多い。

一方，企業経営者では「理事会のメンバーとして参加したい」が多く，積極性がみられた。学校の運営について「法の規制を緩めるべきである」という声が保護者，企業経営者ともに多数を占めている。「教育目標を生徒や保護者に知らせる」点で満場一致に近い支持が得られている。現在の子どものクラスの生徒数や理想的な学級生徒数については，生徒と保護者であまり変わらない回答結果がみられた。

「学校施設」の規模等については，全体として「現状維持」と「目的しだい」に意見が分かれている。「新しい公立学校を民間に開く」ことについて圧倒的な支持がみられた。同時に「教育目標に達していない学校の閉鎖」についても賛成が多数を占めている。「公立の小・中・高校の選択」については生徒と同様，保護者，企業経営者ともに圧倒的に支持している。

3 教員，校長および指導主事について

「学校運営者は学校関係者に限るべきでない」という声が全体に強く，保護者と共通して「開かれた学校」が求められている。その一方では，「校長のポストを外部の人々に」になると保守的傾向がみられた。保護者として「学校運営に参加する」ことについて，保護者以上に参加に積極性がみられた。学校の運営について「ある程度学校の事情に合わせたらよい」がもっとも多い一方で，「学校独自で決めたらよい」という声は少数にどどまった。「教育目標を生徒や保護者に知らせる」点については，保護者と共通して，ほぼ満場一致に近い支持が得られている。理想的な学級生徒数については平均28人程度で，生徒や保護者があげる数字とあまり変わらない回答結果が得られた。授業時間数については「今より減らすべき」という声が保護者と同様に多かった。

「学校施設」の規模等については全体として「現状維持」を求める声が多く，その一方で「目的しだい」の方はかなり少なく，保護者より考えが保守的である。「新しい公立学校を民間に開く」ことについて保護者と同様，多数が支持している。同時に「教育目標に達していない学校の閉鎖」についても，保護者と同様に賛成が多数を占める。「公立の小・中・高校の選択」については，保護者，企業経営者が圧倒的に支持していたのに比べ，教育界はその半数にとどまり，「どちらでもない」という答がかなり多かった。

第3章

アメリカのチャータースクールに関するわが国の教育関係者の受容度

　最後に，現存するチャータースクールそのものの評価に入る。質問にあたっては，調査対象者が先入観を抱くことのないように，CS の基本事項の紹介にとどめた。ここでは「すでに CS が存在する」点と，日本人にインパクトの強い「アメリカ」の4文字によって，CS についての質問の反応が，単に「新しい学校」と表現した質問の反応との間に違いがみられると推定する。単に「新しい学校」や「チャータースクール」についての賛否におわることなく，日本における現在の公立学校にかわる「日本型チャータースクール」を判別できるデータが得られることを期待する。とくに公立学校としては最小規模といえる20人の学校に対する受容度や，日本人の抱く学校観からは大きく異なる校舎の100平方メートルの広さに対する受容度の2点については，日本型チャータースクールの構想段階においては，「新しい学校」の立案に大きな影響を及ぼすものと考える。

第1節　児童・生徒による評価

　以下に，アメリカのチャータースクールについての各質問の回答結果をあげて考察する。
　（1）「アメリカには生徒数が20人ほどの小・中学校（あるいは生徒数が100人ほどの高校）があります。あなたはこのような学校に通いたいですか。」
「通いたい」と「通いたくない」の比は小学生で35%対64%，中学生で46

表 3-1-1 アメリカのチャータースクールについて考える

項　　　目		小学生	中学生	高校生	小・中・高生徒の平均
「アメリカにある20人の小・中学校や100人の高校について」そこに通いたいと思いますか	通いたい	35%	46%	52%	45%
	通いたくない	64%	50%	47%	54%
	無回答	1%	3%	1%	2%
通いたい場合はなぜですか	先生と話したり勉強をみてもらう機会が増える	51%	42%	36%	43%
	先生と生徒との距離が近くなりコミュニケーションが増える	56%	59%	65%	60%
	自分の「存在感」を感じるから	32%	25%	27%	28%
	落ちついて勉強や生活ができる	61%	49%	34%	48%
	その他	16%	9%	6%	10%
通いたくない場合はなぜですか	クラスの友人と合わない時は他に行くところがなくなる	44%	40%	25%	36%
	学校でいろんな人に会えないから	75%	70%	58%	68%
	設備が十分でないと思うから	34%	26%	24%	28%
	行事が盛り上がらないから	75%	68%	47%	63%
	その他	13%	8%	8%	10%
学校の生徒数20人（または100人）についてどう思いますか	20人でよい	14%	21%	31%	22%
	20人では少なすぎる	84%	76%	66%	76%
	無回答	1%	3%	3%	2%

項目		小学生	中学生	高校生	小・中・高生徒の平均
20人（または100人）で少ない場合はどれくらいが良いと思いますか	小・中学生20～50人（高校生100～200人）	9%	8%	3%	7%
	小・中学生50～100人（高校生200～400人）	8%	7%	15%	10%
	小・中学生100～300人（高校生400～600人）	15%	19%	21%	18%
	小・中学生300～500人（高校生600～800人）	30%	30%	19%	26%
	小・中学生500人以上（高校生800～1,000人以上）	38%	38%	22%	32%
	（高校生1,000人以上）	0%	0%	25%	8%
	無回答	0%	31%	0%	10%

％対50％，高校生で52％対47％と，年齢が上がるほど「通ってみたい」という声が強い。

（2）「通いたい場合はなぜですか」

「通いたい」と答えた生徒について理由を聞くと「教師や生徒との交わりやコミュニケーションが増す」のと「落ち着いてものごとができる」声が強い。

（3）「通いたくない場合はなぜですか」

「学校でいろんな人に会えないから」，「行事が盛り上がらないから」という声が圧倒的に多い。学校規模が小さくなると設備等も限られるからというのは2～3割にとどまる。このことから，学校は生徒たちにとってもっぱら同年齢の人間に出会う場として重要なのがわかる。

（4）「小・中学校の生徒数が20人（高校で100人）についてどう思いますか」

生徒数に限定して「これで良いか」質問したところ，「良い」と答えたのは小学生で14％，中学生で21％，高校生で31％と低学年ほど人数にこだわる傾向がみられる。

（5）「20人（あるいは100人）で少ない場合はどれくらいがよいと思いますか」

小・中学生では300人以上が多く，高校生では400人以上を中心に分散傾向を示す。

第2節　保護者および企業経営者による評価

アメリカのチャータースクールの設立申請と認可に関する条件，およびアメリカのチャータースクールの一例に関する質問の回答結果を以下にあげて考察する。

1　アメリカのチャータースクールの設立に伴う条件について

（1）「親や生徒は地元の公立学校と幾つかのチャータースクールの中から自分がよいと思うものを選ぶことができる。」

これは「賛成」と「反対」の比が保護者平均で89％対7％，企業経営者で78％対18％と「賛成」が圧倒的多数を占める。社会全般で「公立学校の選択」の支持に流れが大きく傾いているのがわかる。

（2）「チャータースクールの学校運営にあたっては行政上の規制をほとんど受けず，それぞれの学校で自主的に良いと思う教育の方法を決めて実践することができる。」

これについて「賛成」と「反対」の比は保護者平均で89％対7％，企業経

表 3-2-1　アメリカのチャータースクールについて

項　　目		保護者の内訳			保護者(平均)小・中・高	企業経営者
		小学生の保護者	中学生の保護者	高校生の保護者		
親と生徒がチャータースクールと公立学校から選択できることについて	大いに賛成	40%	36%	36%	37%	22%
	やや賛成	50%	57%	51%	52%	56%
	やや反対	6%	4%	8%	6%	16%
	大いに反対	1%	0%	3%	1%	2%
	無回答	3%	3%	3%	3%	4%
行政の規制を受けない学校運営について	大いに賛成	24%	21%	23%	23%	23%
	やや賛成	58%	62%	52%	57%	53%
	やや反対	14%	13%	19%	15%	18%
	大いに反対	2%	1%	2%	2%	3%
	無回答	3%	3%	4%	3%	4%
誰でも公立学校設立の申請をし，認可を受けることについて	大いに賛成	21%	21%	23%	22%	62%
	やや賛成	56%	56%	52%	55%	31%
	やや反対	17%	18%	20%	18%	3%
	大いに反対	4%	2%	2%	2%	1%
	無回答	3%	3%	4%	3%	3%
教育結果について学校が責任を負い，保護者や生徒に説明義務を負うことについて	大いに賛成	54%	54%	54%	54%	53%
	やや賛成	38%	38%	34%	37%	40%
	やや反対	4%	4%	6%	5%	4%
	大いに反対	2%	0%	1%	1%	1%
	無回答	3%	4%	4%	4%	3%

項　　目		保護者の内訳			保護者(小・中)高平均	企業経営者
		小学生の保護者	中学生の保護者	高校生の保護者		
親の学校教育参加について	大いに賛成	34%	30%	32%	32%	32%
	やや賛成	49%	55%	51%	52%	43%
	やや反対	12%	9%	11%	11%	18%
	大いに反対	2%	1%	1%	1%	3%
	無回答	5%	4%	6%	5%	5%
認可の一定期間後の再審査と認可更新について	大いに賛成	25%	25%	24%	25%	17%
	やや賛成	54%	46%	49%	50%	34%
	やや反対	15%	22%	19%	18%	35%
	大いに反対	2%	1%	3%	2%	10%
	無回答	5%	6%	6%	5%	4%
チャータースクールで授業料を取らないことについて	大いに賛成	33%	34%	31%	33%	47%
	やや賛成	37%	38%	33%	36%	42%
	やや反対	22%	21%	28%	24%	6%
	大いに反対	3%	1%	3%	3%	1%
	無回答	6%	6%	5%	5%	4%
チャータースクールに自分の子を通わせることについて	ぜひとも通わせたい	12%	12%	14%	13%	17%
	前向きに考えたい	52%	52%	48%	50%	55%
	もう少し考えてから	27%	28%	27%	27%	19%
	通わせたくない	3%	3%	3%	3%	4%
	無回答	6%	6%	9%	7%	5%
アメリカのチャータースクールで20人の生徒の学校について	20人でも良い	50%	59%	56%	55%	61%
	少なすぎる	46%	37%	39%	41%	35%
	無回答	4%	4%	5%	4%	4%

項　　　　目		保護者の内訳			保護者平均(小・中)	企業経営者
		小学生の保護者	中学生の保護者	高校生の保護者		
少なすぎる場合，どれくらいの生徒数が良いですか	20〜50人	21%	20%	14%	19%	22%
	50〜100人	36%	36%	37%	36%	36%
	100〜300人	39%	40%	46%	42%	33%
	300〜500人	9%	11%	6%	8%	13%
	500人以上	3%	1%	4%	3%	6%
	無回答	−8%	−8%	−7%	−8%	−10%
100平方メートルで良いですか	良い	7%	9%	9%	9%	6%
	100平方メートルよりも広く	37%	36%	32%	35%	27%
	目的にあってさえすれば広さは問題でない	51%	50%	52%	51%	6%
	無回答	6%	5%	6%	6%	7%
もっと広い方が良い場合は，どれくらいの広さが良いですか	100〜300平方メートル	21%	20%	24%	22%	36%
	300〜600平方メートル	46%	47%	40%	44%	39%
	600〜1,200平方メートル	24%	22%	31%	26%	21%
	1,200平方メートル以上	16%	14%	14%	14%	14%
	無回答	−7%	−2%	−9%	−6%	−10%

営者で76%対21%とどちらも「賛成」の声が多数を占め，規制のない自由な学校運営を支持する傾向が強くみられる。

　（3）「チャータースクールの設立を希望する個人や団体は誰でも申請し，教育委員会などで教育の目的，方法，期待される教育結果等の審査を受けて，公立学校として認可を得ることができる。」

これについて「賛成」と「反対」の比は保護者平均で77％対20％，企業経営者で93％対4％と賛成が多数を占め，公立学校の教育に民間資源の活用を求める声が強い。「開かれた学校」はさまざまな点で時代が求めている傾向といえる。

（4）「チャータースクールは生徒への教育結果についての責任を負い，保護者や生徒に対して説明の義務を負う。」

これは「賛成」と「反対」の比が保護者平均で91％対6％，企業経営者で93％対5％と，学校は教育結果について責任を負い，保護者や生徒に説明の義務を負うべきであるとの考えが支配的である。これは社会一般で支持傾向にあるといえる。

（5）「生徒の保護者はチャータースクールの教育に参加する機会を与えられていて，時には参加義務もある。」

これについて「賛成」と「反対」の比は保護者平均で84％対12％，企業経営者で75％対21％ととくに保護者で圧倒的に支持が得られている。社会一般において「親の学校教育参加」は時代の趨勢にあるといえる。

（6）「チャータースクールとしての認可を受けて一定期間（たとえば5年）後に学校は認可申請時に約束した教育成果について評価を受け，その責任を果たしていないと判断された場合は，認可を取り消される。」

これについては，「賛成」と「反対」の比が保護者平均で75％対20％，企業経営者で51％対45％と「賛成」が保護者できわめて多く，一方，企業経営者では学校閉鎖についてややためらいもみられる。一方，保護者の内訳をみると小学生，中学生，そして高校生の保護者の「賛成」がそれぞれ79％，71％，73％と，とりわけ小学生の保護者に支持が強い。

（7）「チャータースクールは学校を運営するにあたって必要な費用を国や公共団体から支払われ，生徒からは授業料を一切受け取らない。」

「賛成」と「反対」の比は保護者平均で69％対27％，企業経営者で89％対

7%と,「賛成」が多数を占める。とくに企業経営者にはチャータースクールで一切授業料を取るべきではないと考える傾向が強い。

(8)「このようなチャータースクールが日本でできた場合,あなたの子どもや孫を通わせることについてどう思いますか。」

保護者と企業経営者ともに「前向きに考えたい」がそれぞれ50%と55%とトップにきており,「もう少し考えてから」がそれぞれ27%と17%と2番目に,「ぜひとも通わせたい」が13%と17%と3番目に,そして4番目に「通わせたくない」が3%と4%となっている。企業経営者で「ぜひとも通わせたい」という積極的な考えが17%に上り,「ぜひとも通わせたい」と「前向きに考えたい」の合計をみても保護者との比が63%対72%と高い点は注目される。

2　アメリカにあるチャータースクールの一例について考える

(1)「アメリカのチャータースクールには全生徒数が20人で,広さが100 m^2 (30坪) という学校があります。あなたは学校の全生徒数が20人について,どう思いますか。」

「20人でも良い」と「20人では少なすぎる」の比は保護者平均で55%対41%,企業経営者で61%対35%と,とくに後者で支持が強く,学校についてその生徒数うんぬんよりも教育目的を優先する考えが企業経営者に多いのがわかる。

(2)「20人で「少ない」と答えた方は,どれくらいの生徒数が良いと思いますか。」

保護者と企業経営者ともに「50人以上100人まで」と「100人以上300人まで」という声が多く,「20人以上50人まで」がその後に続いている。「500人以上」という声はほとんどなく,全体として生徒数100〜200人位の小規模校が理想と考えている。

（3）「広さが100 m²については，どう思いますか。」

保護者と企業経営者ともに「目的にあってさえいれば，広さは問題ではない」が回答のトップを占め，「100 m²で良い」が2番目にあげられていて，これら2つを合わせると保護者平均で86％，企業経営者で88％を占め，学校の広さよりも教育目的を優先する傾向が強くみられる。「100 m²よりも広くないといけない」は6～9％と少数にとどまった。保護者の内訳をみると小学，中学，高校生の保護者について「100 m²で良い」と「目的にあってさえいれば，広さは問題ではない」の合計がそれぞれ58％，59％，61％となっていて，後になるほど自由な考えを示している。

（4）「「もっと広く」と答えた方は，どれくらいの広さが良いと思いますか。」

保護者と企業経営者ともに「300 m²から600 m²（10教室分の広さ）」という声がもっとも多く，遅れて「100 m²から300 m²」（5教室分の広さ）と「600 m²から1200 m²」（20教室分の広さ）が2，3番目にきている。その一方で，「1,200 m²以上」は少数にとどまっている。学校の広さの面でも全体に小規模志向といえる。

第3節　教員，校長および指導主事による評価

1. アメリカのチャータースクールの設立条件について
   （1）「チャータースクールの学校運営にあたっては行政上の規制をほとんど受けず，それぞれの学校で自主的に良いと思う教育の方法を決めて実践することができる。」

これについて「賛成」と「反対」の比は教員で69％対29％，校長で69％対27％，指導主事で64％対31％と賛成が多数を占める。一方，保護者をみると80％対17％と，「賛成」でほぼ全者に一致した意見がみられた。

表 3-3-1 チャータースクールについて

項目		教員の内訳			校長の内訳			教員平均の百分率	校長平均の百分率	指導主事
		小学校	中学校	高校	小学校	中学校	高校			
行政の規制を	大いに賛成	14%	2%	16%	17%	17%	18%	11%	17%	7%
	やや賛成	60%	62%	52%	58%	44%	54%	58%	52%	57%
	やや反対	21%	32%	25%	24%	33%	20%	26%	26%	27%
	大いに反対	2%	2%	4%	2%	0%	1%	3%	1%	4%
	無回答	2%	2%	4%	0%	6%	7%	3%	4%	5%
誰でも公立学校設立の申請をし，認可を受けられることについて	大いに賛成	16%	9%	15%	15%	20%	20%	13%	19%	10%
	やや賛成	49%	49%	50%	61%	48%	56%	49%	55%	58%
	やや反対	30%	40%	25%	24%	24%	16%	32%	21%	23%
	大いに反対	2%	0%	6%	0%	2%	0%	3%	1%	4%
	無回答	2%	2%	4%	0%	6%	7%	3%	4%	5%
教育結果について学校が責任を負い，保護者や生徒にその説明義務を負うことについて	大いに賛成	60%	51%	54%	49%	57%	52%	55%	53%	64%
	やや賛成	35%	40%	38%	44%	33%	39%	38%	39%	30%
	やや反対	2%	6%	4%	7%	6%	2%	4%	5%	1%
	大いに反対	0%	0%	1%	0%	0%	0%	0%	0%	0%
	無回答	2%	2%	4%	0%	4%	7%	3%	4%	5%
親の学校教育参加について	大いに賛成	47%	43%	38%	32%	50%	43%	42%	42%	49%
	やや賛成	47%	51%	51%	64%	39%	45%	50%	49%	45%
	やや反対	5%	4%	6%	3%	7%	4%	5%	5%	1%
	大いに反対	0%	0%	1%	0%	0%	0%	0%	0%	0%
	無回答	2%	2%	3%	0%	4%	7%	3%	4%	6%

第3章 アメリカのチャータースクールに関するわが国の教育関係者の受容度　107

項目		教員の内訳			校長の内訳			教員平均の百分率	校長平均の百分率	指導主事
		小学校	中学校	高校	小学校	中学校	高校			
認可の一定期間後の再審査と認可更新について	大いに賛成	33%	23%	31%	34%	33%	41%	29%	36%	42%
	やや賛成	51%	49%	43%	59%	46%	42%	48%	49%	47%
	やや反対	14%	21%	20%	7%	15%	10%	19%	10%	6%
	大いに反対	2%	2%	3%	0%	2%	2%	2%	1%	1%
	無回答	0%	4%	3%	0%	4%	5%	2%	3%	5%
チャータースクールで授業料を取らないことについて	大いに賛成	28%	13%	14%	25%	20%	9%	18%	18%	14%
	やや賛成	37%	45%	25%	32%	37%	25%	36%	31%	32%
	やや反対	33%	28%	43%	36%	33%	46%	34%	38%	40%
	大いに反対	2%	11%	16%	7%	6%	15%	10%	9%	11%
	無回答	0%	4%	3%	0%	4%	5%	2%	3%	4%
親や生徒がCSと公立学校から学校を選択できることについて	大いに賛成	28%	32%	36%	32%	31%	40%	32%	35%	33%
	やや賛成	63%	49%	53%	58%	41%	49%	55%	49%	52%
	やや反対	7%	11%	6%	14%	19%	7%	8%	13%	7%
	大いに反対	2%	4%	2%	0%	2%	0%	3%	1%	4%
	無回答	0%	4%	2%	-3%	7%	4%	2%	3%	4%
CSに自分の子(孫)を通わせることについて	ぜひとも通わせたい	2%	0%	6%	3%	13%	12%	3%	9%	4%
	前向きに考えたい	47%	38%	40%	59%	39%	53%	42%	51%	45%
	もう少し考えてから	37%	49%	40%	34%	31%	27%	42%	31%	38%
	通わせたくない	12%	11%	11%	7%	9%	4%	11%	7%	10%
	無回答	2%	2%	3%	-3%	7%	4%	2%	3%	4%

項　　目		教員の内訳			校長の内訳			教員平均の百分率	校長平均の百分率	指導主事
		小学校	中学校	高校	小学校	中学校	高校			
CSができたら，そこで教えることについて	ぜひ教えたい	0%	11%	11%				7%		15%
	前向きに考えたい	47%	49%	42%				46%		40%
	もう少し考えてから	37%	28%	34%				33%		36%
	教えたくない	16%	11%	10%				12%		6%
	無回答	0%	2%	2%				1%		4%
能力による給与格差のある評価方式	大いに賛成	12%	15%	18%				15%		23%
	やや賛成	37%	60%	44%				47%		51%
	やや反対	42%	11%	23%				25%		17%
	大いに反対	9%	11%	12%				10%		4%
	無回答	0%	4%	3%				2%		4%
CSを自分で設立・運営することについて	ぜひしてみたい				7%	11%	7%		8%	
	前向きに考えたい				24%	28%	36%		29%	
	もう少し考えてから				-32%	19%	33%		28%	
	してみようとは思わない				39%	35%	20%		31%	
	無回答				-2%	7%	4%		3%	

（2）「チャータースクールの設立を希望する個人や団体は誰でも申請し，教育委員会などで教育の目的，方法，期待される教育結果等の審査を受けて，公立学校として認可を得ることができる。」

これについて「賛成」と「反対」の比は教員で59％対35％，校長で74％対22％，指導主事で68％対27％と賛成が多数を占める。一方，保護者ではこれが77％対20％とおおむね「賛成」で一致している。

（3）「チャータースクールは生徒への教育結果についての責任を負い，保護者や生徒に対して説明の義務を負う。」

「賛成」と「反対」の比が教員で93％対4％，校長で92％対5％，指導主事で94％対1％と圧倒的に支持が強い。一方，保護者をみても91％対6％とほぼ同じである。このように「教育結果に対する説明の責任」は，今や時代の趨勢といえる。

（4）「生徒の保護者はチャータースクールの教育に参加する機会を与えられていて，時には参加義務もある。」

これについて「賛成」と「反対」の比は教員で92％対5％，校長で91％対5％，指導主事で94％対1％とどれも圧倒的に賛成の声が多い。一方，保護者も84％対12％と，支持がほとんどを占める。これについても社会と時代の認知を十分受けているといえる。

（5）「チャータースクールとしての認可を受けて一定期間（たとえば5年）後に学校は認可申請時に約束した教育成果について評価を受け，その責任を果たしていないと判断された場合は，認可を取り消される。」

「賛成」と「反対」の比が教員で77％対21％，校長で85％対11％，指導主事で89％対7％とどれをみても賛成が多数を占める。一方，保護者でも75％対20％と，全者にわたって「賛成」が圧倒的に多い。

（6）「チャータースクールは学校を運営するにあたって必要な費用を国や公共団体から支払われ，生徒からは授業料を一切受け取らない。」

この「賛成」と「反対」の比は教員で44%対44%，校長で49%対47%，指導主事で46%対51%となっていて，いずれも賛否が伯仲している。さて保護者をみると69%対27%と「賛成」がかなり多く，両者に意見の違いが大きくみられる。

（7）「親や生徒は地元の公立学校と幾つかのチャータースクールの中から自分がよいと思うものを選ぶことができる。」

「賛成」と「反対」の比が教員で87%対11%，校長で84%対14%，指導主事で85%対11%と賛成が多数を占める。さらに保護者も89%対7%と圧倒的に賛成が多い。この結果を見ると（3）や（4）と同様に，時代の流れは「公立学校の選択」に向けて大きく傾いているといえる。

2．わが国におけるチャータースクールについて考える。

（1）「このようなチャータースクールが日本で出来た場合，あなたの子どもや孫を通わせることについてどう思いますか。」

全体に「前向きに考えたい」という声が42〜51%ともっとも多く，次に「もう少し考えてから」が31〜42%と，少し遅れて後を追っている。「ぜひとも通わせたい」と「通わせたくない」という声は少数である。チャータースクールに関心を示すとともに，前向きに取り組もうという考えが主流と考えられる。一方，保護者では「前向きに考えたい」が50%，「もう少し考えてから」が27%，「ぜひとも通わせたい」が13%，「通わせたくない」が3%で，教員，校長，それに指導主事よりも保護者の方が積極的な態度を示している。

（2）「このようなチャータースクールが日本で出来た場合，あなたがそこで教えることについてどう思いますか。」

これは教員と指導主事を対象に質問したが，「前向きに考えたい」が40〜46%ともっとも多く，「もう少し考えてから」が33〜36%と，やや遅れて続く。「ぜひ教えたい」と「教えたくない」はともに少数にとどまった。

（3）「アメリカのチャータースクールでは教師に対する評価をもとに給与

を決定することで能力による給与格差を認めているが，このような評価方式が日本に導入されることについてどう思いますか。」

　これも教員と指導主事を対象に質問したが，「賛成」と「反対」の比が教員で62％対35％，指導主事で74％対21％と，ともに能力評価を支持する声がいちじるしく強い。さらに教員では「賛成」と「反対」の比が小学校では49％対51％，中学校で72％対22％，高校で62％対35％と，中・高校でとくに自由競争を肯定する考えが強くみられた。社会で「多様化」が進行する中で，すべて一律に扱うべきではない，との認識が深まっているのがわかる。

　（4）「このようなチャータースクールが日本で出来た場合，退職後，自分でチャータースクールを設立して，運営してみたいと思いますか。」

　これは校長のみ対象に質問したが，「前向きに考えたい」が29％，「もう少し考えてから」が28％，それに「してみようとは思わない」が31％と意見がわかれた。「ぜひしてみたい」は8％であった。さらに小・中・高校で比較してみると，高校，中学校，小学校の順で意欲が高い，という結果がみられた。

第4節　本章の考察

1　生徒について

　生徒に対して「「アメリカには生徒数が20人ほどの小・中学校（あるいは生徒数が100人ほどの高校）があります。あなたはこのような学校に通いたいですか。」と質問したところ，学年が上がるほど「通いたい」という声が強かった。

　「通いたい」場合は「人との交わりの緊密化」と「ものごとが落ち着いてできる」が，そして「通いたくない」場合は「同じような年齢の人との出会いが少ない」が主な理由としてあげられた。

2 保護者および企業経営者について

アメリカのチャータースクールの設立に伴う各条件について保護者に聞いたところ,「公立学校とチャータースクールの中から選択できる」(91%),「生徒への教育結果について責任を負い,説明の義務を負う」(91%),「規制をほとんど受けず,各学校で自主的に良いと思う教育を追求できる」(89%),「保護者は教育参加する機会を与えられている」(84%),「個人や団体で学校設立の申請をし,審査の上,公立学校として認可される」(77%),「認可の一定期間後に学校は責任を果たしていない,と判断されれば,認可を取り消される」(75%),「チャータースクールは必要な費用を国や公共団体から支払われ,生徒からは授業料を取らない」(69%) の順で支持が圧倒的に多かった。チャータースクールのこれらの機能と特色はいずれも保護者に支持されているといえる。企業経営者についてもおおむね同じ回答結果が得られた。

「チャータースクールがわが国でできれば,そこに子どもを通わせたいですか」との質問では保護者と企業経営者の双方,とくに後者で子どもを通わせることにかなり積極的な答が返ってきた。質問をしたところ,「生徒が20人で良い」と「少なすぎる」の比は保護者において55%対41%と小人数に対する抵抗はさほどみられなかった。「少ない」場合は100~200人程度を中心に,小規模学校志向がみられた。広さが100 m² (30坪) については「目的にあってさえいればよい」と「この広さでよい」が保護者で合わせて88%を占めていて,ここでも小規模学校志向と,広さより教育目的優先の傾向がみられた。

3 教員,校長および指導主事について

アメリカのチャータースクールの設立に伴う各条件について聞いたところ,「生徒への教育結果について責任を負い,説明の義務を負う」(「賛成」は教員で93%,校長で92%),「保護者は教育参加する機会を与えられている」(「賛成」は教員で92%,校長で91%),「公立学校とチャータースクールの中から

選択できる」(「賛成」は教員で87%,校長で84%),「認可の一定期間後に学校は責任を果たしていない,と判断されれば,認可を取り消される」(「賛成」は教員で77%,校長で85%),「規制をほとんど受けず,各学校で自主的に良いと思う教育を追求できる」(「賛成」は教員で69%,校長で69%),「個人や団体で学校設立の申請をし,審査の上,公立学校として認可される」(「賛成」は教員で59%,校長で74%)の各条件で「賛成」が「反対」をいちじるしく上回った。「チャータースクールは必要な費用を国や公共団体から支払われ,生徒からは授業料を取らない」についてはいずれも意見が伯仲していた。

わが国にチャータースクールができたら,「子どもや孫を通わせますか」という質問に対して「前向きに考えたい」がもっとも多く,チャータースクールへの共鳴度の高さとの関連がみられた。「チャータースクールで教える」ことについても同様であった。また,「能力による評価と給与の決定」についてはとくに中・高校の教員および指導主事に支持が多数みられた。

校長に「チャータースクールを作ってみたい」か尋ねたところ,「前向きに考えたい」と「もう少し考えてから」,「してみようとは思わない」で意見がわかれた。小・中・高校の比較では高校,中学校,小学校の順で意欲が高くなっている。

第4章

「日本型チャータースクール」の構想

第1節　学校教育の問題点と自己改革への障害

1　教育問題の将来と教育改革

　理由はいろいろ考えられるが，青少年による犯罪があとをたたない。「警察庁2005年少年非行等の概要」(2006年2月発表)によると，刑法犯少年(14歳以上20歳未満)は，123,715人となっている。年齢構成をみると15歳が21.7％，16歳が22.7％，14歳が18.6％とこの世代で全補導人員の2/3を占めている。また，校内暴力発生件数をみると，生徒間暴力1,060件，対教員暴力540件で前者は前年比28.0増，後者は18.4％の増加となっている。

　われわれの調査結果をみてみよう。高等学校になると激減するものの，小・中学校では大変な高率である。小学生と高校生の暴力における捉え方が違う可能性も考えられるが，その内容，レベルは違っても本人達がそう捉えるならやはり暴力であろう。実態として，多くの校内暴力があることはわかったが，学

表4-1-1　「あなたの学校に暴力をふるう生徒がいますか」

	いる	いない	無回答
小学生	70%	29%	1%
中学生	69%	28%	2%
高校生	24%	74%	2%
小・中・高平均	54%	44%	2%

校で暴力が増える理由をみてみることにする（表4-1-2参照）。

学校でイライラすることが多くなっている。また，暴力をふるってもクラスの生徒が止めることもなく，先生が暴力についてクラスで話し合うことや，指導も少ないといえるだろう。これでおおよその学校現場の状況はわかってきた。

では，この校内暴力は今後減少するのか，その予測を生徒，保護者，教員のグループで対比してみよう。

「大変増える」，もしくは「やや増える」と予想した人の合計でみてみると，日常的に学校をみていない保護者の心配から来る数字の大きさはともかく，実際にその生活の中にいる生徒も教員も，ともに増加すると予測している。

同様に，不登校，いじめ，学級崩壊の将来予測をみてみよう。

表4-1-2 「次のうちから学校の暴力が増える理由と思うものすべてを選んで下さい。」

	先生が暴力は悪いと教えないから	クラスの皆で暴力は悪いと話し合わないから	親が暴力は悪いと教えないから	大人が暴力は悪いと話さないから	暴力をふるっても先生が話し合った指導しないから	暴力をふるってもクラスの生徒が止めないから	学校でイライラすることが多いから	テレビや映画で暴力の内容が多いから	その他
小学生	19%	26%	29%	23%	41%	58%	68%	36%	6%
中学生	12%	14%	23%	14%	30%	55%	65%	26%	8%
高校生	6%	9%	23%	10%	24%	40%	58%	30%	11%

表4-1-3 「生徒の暴力はこれから増えると思いますか」

	大変増える	やや増える	合計
生徒	14%	50%	64%
保護者・企業経営者	30%	58%	88%
教員	22%	42%	64%
校長・指導主事	12%	40%	52%

校内暴力と同様に，保護者の心配はすべての項目について，将来に大きな不安を抱いている。不登校については生徒達の予測が一番少ない。それでも71％は増えるといっている，この異常事態は深刻なものを感じさせる。いじめは，やはり教員，校長，指導主事と，現場から遠くなるに従い数字は低くなる。しかし，生徒達と20〜30％も違うのは，いじめが学級や学校内で問題と

表 4-1-4 「不登校はこれから増えると思いますか？」

	大変増える	やや増える	合　計
生徒	16%	55%	71%
保護者・企業経営者	36%	57%	93%
教員	34%	50%	84%
校長・指導主事	24%	50%	74%

表 4-1-5 「いじめはこれから増えると思いますか」

	大変増える	やや増える	合　計
生徒	18%	53%	71%
保護者・企業経営者	25%	61%	86%
教員	11%	39%	50%
校長・指導主事	7%	35%	42%

表 4-1-6 「学級崩壊はこれから増えると思いますか」

	大変増える	やや増える	合　計
生徒	18%	46%	64%
保護者・企業経営者	25%	59%	84%
教員	22%	42%	64%
校長・指導主事	12%	50%	62%

して出ているのは，まだまだ氷山の一角と捉える方が実態に近いといえそうだ。

　学級崩壊は，はじめて保護者，企業経営者以外の生徒，教員，校長，指導主事の数値が一致した。しかし，それも60%を超えた数字は，教育現場の混迷がこれからも続く，と予測する方が正しいと解釈しなければならない。

　さて，このような個別の教育問題ではなく，このような学校の状態を全体として捉えた時の将来予測をみてみよう。

　「とても良くなる」と「やや良くなる」を加えた数値は，指導主事の60%を筆頭に，校長44%，教員30%と，教育現場に近くなる程少なくなった。「良くなる」と「悪くなる」をわけてみると，指導主事で66：10，校長44：22，教員30：34となり，教員はほぼ1：1となった。同様な比を保護者や経営者でみてみると，保護者27：70，企業経営者34：63となった。校内暴力，不登校，いじめ，学級崩壊同様，保護者の不安度は増すばかりである。置かれた立場の差はあるというものの，指導主事，校長という教育現場の管理職と保護者とのこの大きな差は，なんと解釈すればよいのだろう。視点のどこが違うとこのような差が出てくるのか，今回の調査ではそこまで踏み込んだ内容で調査す

表4-1-7 「これからの公立学校教育は良くなりますか」

	とても良くなる	やや良くなる	どちらとも言えない	やや悪くなる	とても悪くなる	回答無
保護者	1%	26%		57%	13%	3%
企業経営者	1%	19%		44%	14%	3%
教員	7%	23%	36%	29%	5%	1%
校長	5%	39%	33%	20%	2%	2%
指導主事	20%	46%	24%	10%	0%	0%

＊先にアンケートをとった保護者，企業経営者の質問には4者択一で行った．教員，校長，指導主事については回答者側の要望により「どちらでもない」を加えた．

ることができなかったが，この違いには大きな問題を含んでいるといえる。

さて，保護者が先行きに大きな不安を抱いている学校の将来であるが，学校サイドの人々は，教育改革の必要性をどう捉えているのだろうか。

校長，指導主事がその必要性を強く感じているのに対し，教員はこの2者に比べてそれほど必要性を感じていない数字が出た。

なぜだろう。その理由を現職教員対象に調査を実施した。

「教育現場の声を聞いていない教育改革は，現場の教員からみると感覚的にずれている。それなのに改革として新しいことが始まると，現場が忙しくなる

表 4-1-8 「教育改革の必要性を感じますか」

	とても感じる	やや感じる	どちらとも言えない	あまり感じない	ほとんど感じない	回答無
教員	19%	28%	28%	20%	5%	0%
校長	22%	53%	12%	9%	1%	0%
指導主事	50%	36%	7%	6%	1%	0%

表 4-1-9 「なぜ，教員では必要性を感じるという回答が少なかったと思われますか？」

(複数回答可)

実態を目のあたりにしている現場の教員からみると感覚がずれているから．	50%
新しいことを取り入れることにより，現場がより忙しくなるから．	47%
全国一律の教育改革では，真の改革などできないから．	21%
改革の内容によっては，教員は評価対象となることも起き，それは好まないから．	6%
改革に伴って教員自身の先行きに不安を感じるから．	3%
現場教員の声を聞いていない教育改革だから．	53%
その他	18%

＊このアンケートは，2001年1月6日〜8日にかけインターネットにより実施した．
回答者数 102 人

だけだ。」というのが教育改革に対する教員の声と集約できる。

　序章でも述べたが，政府主導の教育改革の限界がまさにここに出てきた。教育改革のための委員会や審議会にどれほど法令などで権威付けしようが，日本の頭脳を集めようが，それを実行に移す現場教員の教育改革の捉え方がこの言葉である。何回教育改革を行っても，教育問題が目立って解決する方向に向かわない原因がわかったというのはいい過ぎだろうか。

2　学校教育の現状認識

　教育問題に対する児童・生徒あるいは保護者と学校関係者の認識の違い。あるいは，教育改革の必要性に対する現場教員と校長・指導主事の認識の違いとその理由。どちらも，それぞれが教育問題や教育改革を真剣に，また，深く考えていると思っているが，いざ対比してみると，大きな認識の違いがあることが明白になった。驚くべきことである。この項では，教育問題ではなく，日常の学校の教育活動そのものに対する評価で対比してみたい。

　またもや，認識に大きな違いがあることがわかった。それも質問内容のすべてについて，保護者や企業経営者と学校関係者の間では「まったく逆」といってよいほどの違いとなった。ここまで大きな認識のずれが起きてしまったこと

表 4-1-10　「教育目標や成果について学校から親への説明が十分になされていますか」

	とてもそう思う	ややそう思う	どちらでもない	あまりそう思わない	ほとんどそう思わない	無回答
保護者	25%			70%		5%
企業経営者	19%			79%		2%
教員	6%	40%	25%	25%	3%	0%
校長	8%	50%	27%	12%	2%	1%
指導主事	0%	23%	23%	44%	8%	2%

表 4-1-11 「生徒の個性を伸ばす教育がなされていますか」

	とても そう思う	ややそう思う	どちらでもない	あまりそう思わない	ほとんどそう思わない	無回答
保護者	21%			75%		4%
企業経営者	18%			79%		3%
教員	5%	41%	33%	17%	2%	1%
校長	9%	49%	28%	14%	1%	1%
指導主事	2%	34%	27%	33%	3%	1%

表 4-1-12 「生徒の自主性を大切にした教育がなされていますか」

	とても そう思う	ややそう思う	どちらでもない	あまりそう思わない	ほとんどそう思わない	無回答
保護者	41%			56%		3%
企業経営者	36%			62%		3%
教員	10%	42%	26%	18%	2%	2%
校長	11%	56%	22%	9%	1%	1%
指導主事	3%	40%	23%	31%	2%	1%

表 4-1-13 「生徒の豊かな心を育てる教育がなされていますか」

	とても そう思う	ややそう思う	どちらでもない	あまりそう思わない	ほとんどそう思わない	無回答
保護者	25%			71%		5%
企業経営者	20%			76%		5%
教員	6%	41%	35%	16%	2%	1%
校長	13%	55%	22%	10%	0%	1%
指導主事	4%	38%	38%	18%	1%	1%

は，簡単に修正がきかないのではないかと恐れさえ抱いてしまう。果たして，公立学校が自己改革できるのかとの疑問を抱く。自己改革の前提は，自分たちがそれを問題と捉え，「なんとかしなければ」と考えるところから始まる。そう考えると，公立学校による自己改革はまだまだ先のような気がする。

3 公私協力方式による新しい学校

さて，今回の研究の基礎になっているアメリカのチャータースクールだが，この学校は公立学校の位置付けである。1991年に全米初のチャータースクール法を成立させたミネソタ州の文言に次のように記されている。「チャータースクールは公立であり，州の公教育システムの一部を構成する」（第120.46条第7項）と明記されており，その後の各州で制定されたチャータースクール法にも同様な表現が使われている。当然のことながら，公立学校であるので運営費の大部分が公費によって賄われている。アメリカの私立学校は日本と違い，公的補助をほとんど受けておらず，公的補助を受けているか，いないかで，公立学校と私立学校の立場を明確に区分することができるほどである。

「日本型チャータースクール」を考えるにあたっては，公的支援を受ける程度によって公立か私立を決め，分けることも考えた。しかし，わが国の私立学校はすでに30％近い助成を受けているので，仮に50％を境にした公私の区別法も十分に納得できるものではないと考える。ただ公立にしても，アメリカではチャータースクールに対し運営費補助は行うが，創設費補助は行わない。しかし，校地・校舎となるべき不動産価格の高額なわが国では，運営費の全額補助より，創設費に対し公的補助を与える必要がある。そこで，創設にあたり何の補助もない現在の私立学校の設置条件に比べて，学校改革の役目を担う新しい学校は，創設時に今までにない助成を考えるべきであろう。まず新しい教育を実践してみたいと考える人たちがいても，創設費が高額すぎて手も足もでない状態は防ぎたい。

また本構想においては，学校は単に教育面での自主自律のみならず，財政面での自立もめざす。それには，計画どおりの児童・生徒を集められるか否か，いい換えると学費収入の確保にも学校ごとの責任を明確にし，あえて100％の運営費補助は求めない。この点は既存の公立学校に対し，より強いインパクトを与える意味からも重要と考える。

創立あるいはその後の運営に，公と民の双方の力を常に寄せ合う一方，必要以上に互いに依存しない関係の樹立を考え，「新しい学校」がすべての点で自立することが，何より大切な条件と考える。この点ではサンフランシスコのリーダーシップ・ハイスクールの開発ディレクターである，ジョニー・フェルナンデス氏の言葉が印象的であった。

・「チャータースクールは公立，それとも私立と考えるか。」

「両方だろう。私立の自由と自立がチャータースクールにはある。公立の平等主義の考えがまたチャータースクールにある。それは誰にでもオープンな学校である。チャレンジもあり，また財政という点でも独特だ。」

アンケートの結果も学校を設立したい個人や団体による公立学校の設置に賛意を示した。

この表をみると，保護者・経営者ともに賛成は「大いに」と「やや」を合わせて80％に近く，公立学校を既存の形態に限らなくても良いことが明白になった。とくに「大いに賛成」と「大いに反対」を比較しても，その差は20％近くもあり，かつ「大いに反対」が2％に過ぎない点を考えると，民間立の公

表 4-1-14 「個人や民間の団体が学校設立の申請をし，教育委員会等の認可を得て学校を作り，その運営費を国や県，市町村が出す「新しい公立学校」について，どう思いますか.」

	大いに賛成	やや賛成	やや反対	大いに反対	無回答
保護者	21%	58%	13%	2%	6%
企業経営者	29%	47%	14%	2%	7%

立学校は，民意においては完全に承認されていると結論付けられる。この結果から，アメリカのチャータースクール同様，民間による公立学校設置は十分に可能性があるといえる。このアンケートが，アメリカのチャータースクールの存在を回答者に知らせる前だけに意味があると思う。前2項において，①学校の現状分析結果は，児童・生徒，保護者，学校関係者ともに，その重大さは十分に認識している。

②しかし，将来の方向性では悪化すると予測する子どもや保護者たちと学校関係者の差がある。③政府主導の教育改革に，現場の教員は必要性を感じていない。④保護者と教員の間に，学校の行うべき活動の評価に大きな差がある。このような現実の学校教育の問題点をみた上で，新しい学校の設置に賛成する結果は，「時期は今」を物語っていると結論付けたい。

しかし，ここであえて，「新しい学校」は私立学校であると提案したい。なぜならわが国において，100％公費で運営される組織の末路は，今や日本のあらゆる分野において問題となる状態になっているからである。それらの組織に共通する主な特徴は，①経営に対する危機感がない，②改革や変革を好まない，③たとえ改革が決定されたとしても，現場まですべてにわたって実行に移すまでに時間がかかる，などである。

一方，公立学校改革の起爆剤としての役目を果たさねばならない「新しい学校」とは，新しい時代感覚の経営センスを常に備え，多様化する児童・生徒，保護者のニーズに即答えられるものでなければならない。言葉を置き換えてみると，①顧客（児童・生徒，保護者）への迅速な対応，②市場の創造，③短いリードタイムでの新プログラムの開発ができる組織でなければいけないということである。CSが果たさねばならない役目が，100％公費で運営され，今も大きな問題を抱え，悩み苦しんでいる公立学校で具現化できるとは思われない。よって，CSは新しい器での私立学校としたい。

Independent（自立）の精神こそがわが国の公立学校教育復活の鍵になると

明言したい。

第2節　学校設置

1　学校の総称

前項で述べたように「日本型チャータースクール」のキーワードは「自立」である。他人に頼り，組織に頼り，ついには国に頼るという状態で何ができるというのか。そのような思想は国際政治でももはや消滅したといってよく，個人はもとより，国家においても今や「自立」が最重視されている。「日本型チャータースクール」の総称はチャータースクールでもコミュニティスクールでもなく，「インディペンデントスクール」(Independent School，略称 IS あるいは「自立学校」)であると私は提唱したい。

2　設立の目的

教育改革を進める上で，既存の公立学校の内部を改革していくべきか，それとも新し学校を作るべきかという議論が続いている。日本のすみずみまで公立学校が設置されているわが国において，今なぜことさら「新しい学校」が必要とされるのか疑問を抱く人もあり，その不必要性を強調する論もあることは十分に承知している。しかし，前項で示したアンケート結果の数字でも明白なよ

表 4-2-1　「個人や民間の団体が学校設立の申請をし，教育委負会等の認可を得て学校を作り，その運営費を国や県，市町村が出す「新しい公立学校」について，どう思いますか.」

	大いに賛成	やや賛成	やや反対	大いに反対	無回答
教員	14%	49%	26%	6%	5%
校長	18%	52%	21%	4%	5%
指導主事	9%	60%	23%	5%	3%

うに，今や民意は新しい学校の出現を期待しているのは間違いないことである。驚くべきことに，教育界もそれを認めているという結果が出た。

　保護者，経営者の賛成度と比べるとやや低い数字ではあるが，賛成は「大いに」と「やや」を合わせて校長の70％を筆頭に，指導主事の69％，教員の63％と続く。この差は，それぞれが自分の将来像を具体的に考えることによって生じた差ともいえないこともないが，公立学校で日夜教育にたずさわっている人たちの声だけに，賛成の意思表示は大いに意味のある数字と考えてよい。「新しい学校」に，自分たちがしたくてもできない何かを期待しているとも思える。今の公立学校における業務時間の配分にも納得できないものがあると聞く。

　これまでもっぱら教育委員会の方に顔を向けていた学校は，今こそ，子どもとその保護者の方に顔を向けるべきであり，さらに学校の個性の確立と，自前の学校運営戦略を持つべきであることを調査結果は示している。

　学校が自立してこそ，本当の意味で自立する人間を育成できる場となるはずである。戦後の教育理念のひとつでもあり，現行教育課程の基本となった1976（昭和51）年の教育課程審議会の最終答申でも，「自ら正しく判断できる児童・生徒の育成」が改善目標に取り上げられている。[1]

　さらにもっとも期待される点には，昼夜仕事に追われた状態にある教員の自立である。学校の自主性を期待する「基準」や「標準」が，実際の現場では画一的に守る規則と捉えられている気がしてならない。そんな規則のもとに動いている学校は，全国どこへ行っても「みな同じ」状態となる。思考や活動の限界は，外からではなく，教員一人ひとりのうちにひそむ魔物となるのではなかろうか。「自立した学校」こそ，この束縛から解放された教員の集合体と定義付けたい。校務分掌を極力簡素化することにより，教員が自分自身の時間を持てる環境づくりはやればできると思う。

　① 教育委員会から自立した学校運営，② 自立する人間を育てる教育の実践，

表 4-2-2 「チャータースクールの運営にあたっては行政上の規制をほとんど受けず,それぞれの学校で自主的に良いと思う教育の方法を決めて実践することができる.」

	大いに賛成	やや賛成	やや反対	大いに反対	無回答
保護者	23%	57%	15%	2%	3%
企業経営者	23%	53%	18%	3%	4%
教員	11%	58%	26%	3%	3%
校長	17%	52%	26%	1%	4%
指導主事	7%	57%	27%	4%	5%

③ 自ら思考し,決断し,責任をとる自立した教員の集合体こそが,インディペンデントスクールの設立の目的である。

このように行政の規則にしばられず,本来あるべき教育の方法について大胆に考え,実践する学校を支持する調査結果が次のとおり得られている。

表をみると,行政上の規則をほとんど受けることなく,それぞれの学校で自主的に良いと思う教育の方法を決めて「実践する」,ことについて,賛成は「大いに」と「やや」の合計で保護者,企業経営者は76〜80%,教員,校長といった学校現場と教育委員会指導主事においても64〜69%に上がっている。

3 設置母体

次に設置母体について述べる。わが国では学校の設置者は「学校は,国,地方公共団体及び私立学校法第3条に規定する学校法人のみが,これを設置することができる」(学校教育法第2条)と定められている。また同条2では,「この法律で国立学校とは,国の設置する学校を,公立学校とは地方公共団体の設置する学校を,私立学校とは学校法人の設置する学校をいう」とある。すなわち,国・地方公共団体・学校法人しか学校は設置できないということである。長くこのように設置母体が限定されてきた。しかし,今日の学校の抱える問題

解決のために新しい学校を認めるなら，その設置母体も既存のものにこだわっては大きな学校改革はできない。

本構想でいうインディペンデントスクールとは，公私協力学校である。が，前述のように助成率の高い私立学校としたので，基本的には学校法人立とする。しかしこの「新しい学校」自体を，後ほど「転化」（第3節3）で述べるように，既存の私立学校活性化の一策を考えたように，すでに私立学校を設置している学校法人が，果たしてどこまでこの「日本型チャータースクール」の設置母体となるようなチャレンジ精神があるのか疑問である。また，新しい教育を考え，実践したい人が皆，新たに学校法人の資格をとる必要があるとすると，それだけで躊躇する人が多いと考える。今のわが国の教育界に求められているのは，設置母体の法人格ではないはずだ。子どもや保護者，そして社会が求める教育にいかに早く対応できるかである。大切なことは，あえて，学校法人に固執することにより，民間からの沸きあがる学校改革の芽をつまないことと考える。そこで，わが国の公立学校改革における民間活力の導入を促進するため，新しい設置母体を認めることを提唱する。すなわち学校教育法第102条「私立の盲学校，聾学校，養護学校及び幼稚園は，第2条第1項の規定に関わらず，当分の間学校法人によって設置されることを要しない。」の適用も認めることとする。つまり，第102条にインディペンデントスクールを含めるよう，法改正を提案したい。

そして設置母体としては，具体的には第3セクター方式によるNPOを提唱したい。そこでまず第3セクターとは何かを考えてみたい。

人間の対社会的な活動は，大きく3つの部門に分けられる。第1セクターは，広い意味の政府組織という権力機構を通じてなされる活動で，税を主要な財源とする。中央や地方の行政組織のほかに，公社，公団，事業団などの特殊法人の公的活動が含まれる。第2セクターは民間の営利部門のことで，企業は，直接には利潤追求をめざしてはいるが，生活向上のための商品を供給した

り，雇用の安定を図るなどして，間接的に社会的な福利増進に寄与している。その財源は企業資本である。第3セクターは，わが国では，国や地方公共団体（および民間企業の共同出資を含むこともある）が主体となり，地域開発などの公共的事業を行うために設立する民間の団体で，財団法人，公社などの形態をとる，いわゆる外郭団体を指すことが多い。一方アメリカでは，第1セクターのように公的な機構ではなく，民間の機構ではあるが，第2セクターのように利潤追求をしない部門（いいかえれば民間非営利部門）のことをいう。[2]

この分類法でみてみると，わが国の第3セクターの位置付けがアメリカと大きく違うことがわかる。わが国における第3セクターの形態としては，本来国や地方公共団体がやるべき事業を，形だけ民間を装ったものである。地方公共団体においては，地域開発型の団体として広く認識されている。1980年前後の10年間に，地方公共団体が行う新規事業の母体として，これらは無駄といえるほど日本中で設立された。しかしその成功事例は数えるほどしかなく，大部分は大失敗に終わった。失敗の理由として，以下の点があげられる。

その1として，第3セクターが民間の団体である意味が十分に認識されなかった。すなわち，民間は個人であれ，組織体であれ，常に財政的自立がその最低条件となる。しかし，このような財政的見通しが，実社会の尺度による先見性を伴ったものではなかった。こうして社会の多様な変化への対応策があまりにも甘いものとなった。

その2は，運営組織の人的構成において，その中心的地位（たとえば理事長や専務理事）に，地方自治体から出向の形で公務員が就任したことである。公務員特有の「予算の消化が仕事」といった感性では，民間の経営はできなかった。

また，第3セクターの別の役目としては，役人の天下り先としての受け皿である。財政的に逼迫した状態に陥り，省庁をはじめとし，都道府県も機構改革の必要性を問われる今，大きな問題となっているのは周知のとおりである。純

粋にアメリカ型の解釈をすれば，新しい学校の設置母体として，第3セクター方式は十分に役目を果たせる組織である。

次にわが国におけるNPOをみてみる。1998年3月25日，NPO法（特定非営利活動促進法）が公布されたことで，それまでの有志によるボランタリー活動が法的地位をもつこととなり，注目を浴びることになった，最新型の非営利団体である。

NPOの定義をみると，「利潤をあげることを目的としない，公益的な活動を行う民間の法人組織」となっている。[3]

また，ジョンズ・ホプキンズ大学のサラモン教授による定義には以下の特徴があげられる。[4]

① フォーマルな組織：公式なもの，つまりある程度公共組織化されたものであること。法人化している必要はかならずしもないが，一度限りの集まりやインフォーマルな集まりは含まない。

② 非政府性：民間のもの，つまり制度的に政府から独立しているものであること。政府から資金をもらっていてもよいし，理事会・評議員会等への政府からの参加があっても構わないが，基本的には政府機関の一部でもなければ，役人の統制下にあるものでもなく，民間の独立機関である。

③ 非営利配分：利益配分をするものではない，つまり組織の所有者に利益を生み出すためのものではないこと。事業活動から利益を生んでも構わないが，それを団体所有者が分配するのではなく，本来の活動目的に投入する。

④ 自己統治制：自主管理，つまり自分達の活動を管理する力を備えていること。内部に団体統治の機能を備えており，外部によって管理されることはない。

⑤ 自発性：自発的な意志によるもの，つまり組織の実際の活動において，

あるいはそのマネジメントについて，何らかの有志による自発的な参加を含むものであること。必ずしも活動を補助するボランティアの存在をさすわけではなく，有志による理事会や財政的な参加（寄附）なども含まれる。

⑥　公益性：公共の利益のためのもの，つまり公共（不特定多数）の利益に奉仕し，寄与するものである。

この定義をみる限り，NPOも新しい学校の設置母体として十分に役目を果たせると思う。というより，日本の学校改革を民間の活力で行うとするならば，NPOほど最適な組織体はないと確信する。ただし過去のわが国の失敗例からみる限り，「設立は官」主導の第3セクター方式は絶対に採用すべきではない。また，NPOの運営においては，「非営利の組織ほどマネジメント，つまり明確な目的意識とその遂行手段とのバランス，同時に効率と公正といった基本原理の両立[5)]」を忘れてはならない。

この2点が守られるならば，第3セクター方式によるNPOが，国，地方公共団体，学校法人とともに学校の設置母体として，十分に役目を果たせると確信する。

4　理事会

次に，この設置母体を実際に動かす理事会について考えてみたい。公立学校にとって，この理事会にあたるのは教育委員会であるのか，校長を中心とした管理職的立場にある教員グループなのか，あるいは職員会議なのか，それぞれの立場から意見はあると思うが，ここでは教育委員会からも独立したひとつの学校の運営について考えてみることにする。

「新しい学校」の学校運営はどんな人達で行うのが良いのか，アンケート結果からみてみたい。

この表をみると，「学校関係者以外の人々も参加するのがよい」は，保護者

第4章 「日本型チャータースクール」の構想　131

表4-2-3 「「新しい公立学校」の運営者について，どう思いますか。」

	従来通り学校関係者に限るのがよい	学校関係者以外の人々も参加するのがよい	無回答
保護者	12%	84%	4%
企業経営者	5%	92%	3%
教員	31%	68%	1%
校長	27%	70%	4%
指導主事	17%	82%	1%

や企業経営者で84〜92％に上り，さらに教育委員会指導主事も82％と「開かれた学校」の支持が圧倒的に強い。教員や校長といった学校現場でも68〜70％が同意見である。

さらに「学校運営に参加したらよい人々」についての調査結果を示す。

この表をみる限り，回答者すべてに共通しているのは地域の人々，保護者そして会社の管理職や経験者である。「学校運営は教育の専門家にまかせたらよい」という考えの減少が目立つ。学校をとりまく身近な人，そして企業的発想のできる人が求められているのは，これからの学校運営において何が大切かを

表4-2-4 「学校運営に参加したらよいと思う人を全て選んでください．」

	保護者	元教員	地域の人々	大学教官等の学識経験者	会社の管理職や経営者	マスコミ等で取り上げられている有名人	保護者
保護者	52%	28%	69%	27%	41%	17%	9%
企業経営者	44%	17%	82%	15%	52%	15%	9%
教員	47%	22%	81%	28%	51%	5%	8%
校長	55%	31%	83%	29%	62%	7%	9%
指導主事	70%	19%	82%	40%	58%	6%	6%

明確に物語っているといえる。

ここで，理事会編成の案をだしてみることにする。

ISを設置する地方自治体代表（教育委員会に所属しない人）	1名
設立の発起人代表	4名
校長	1名
教職員代表	2名
保護者代表	2名
合計	10名

「自分たちの学校，われわれの学校」という意識をもてることがもっとも大切なことである。それぞれの構成メンバーが，単に自分の選出分野の利益代表者としての発言にとどまってはいけない。真に自分達の学校を考えた上での発言であるならば，必ず合意に達することが可能であると信じる。

5　校　区

学校選択の新しい試みとしては，東京都品川区において行われている。その品川区において行われたアンケート結果をみてみたい[6]（表4-2-5参照）。62.77％が学校を自分で選択してみたいと回答している。自分で選択したからといって，今校区となっている学校と異なることになるのかというと，必ずしもそうでもない。選択することができないことに対しての反発があると解釈すべきであろう。

2000年度に学校選択ができる状態において入学した新1年生のアンケート結果をみてみよう[7]。

結局は，78.22％の人たちは従来の校区を選択している。しかし，逆な見方からすれば，19.22％は学校選択の権利を行使したことになる。少なくとも子

表 4-2-5 「今年の 4 月から小学校の新 1 年生には，入学する学校が選べるようになりましたが，中学校の入学についても学校を選べるようにして欲しかったと思いますか．」

小学校 6 年生の保護者（平成 12 年 3 月調査）配布数：2,189　回収数：1,841　回収率 84.10%

	回答数 (1,809)	%
1．はい	1,148	62.77
①区内どこからでも選べるほうが良い	(704)	(61.32)
②中学校をいくつかのグループに分け選べるようにした方がよい	(344)	(29.97)
③その他	(46)	(4.01)
3．いいえ	341	18.64
4．わからない	340	18.59

表 4-2-6 「あなたはお子さんの小学校をどのように選びましたか？．」

小学校 1 年生の保護者（平成 12 年 3 月調査）配布数：1,778　回収数：1,574　回収率 88.53%

	回答数 (1,566)	%
1．従来の指定校を選択した	1,225	78.22
2．ブロック内で選択した	225	14.37
3．ブロックを越えて選択した	47	3.00
4．区域外就学申請により選択した	29	1.85
5．その他	40	2.55

どもや保護者が納得して進学する状態には近くなってきたということである。

ただ，子どもや保護者の高率での学校選択の希望に対し，学校サイドの人たちのアンケート結果は必ずしも一致していない。

質問が現在の制度の肯定度を尋ねたので，品川の学校選択という，ある意味

で現制度の否定についての質問とはニュアンスにおいて若干異なるが，意味のある比較と考え，分析をした。「校区のある方がよい」は，教員で34％，校長で35％，指導主事で32％，約1/3が現状肯定である。それに対し積極的に解釈すれば，学校選択ができるといえる。否定では，教員24％，校長31％，指導主事41％となった。

学校関係者としては，学校選択はそれほど積極的に賛成ではないと解釈したい。同じく東京都品川区のアンケートをみてみよう。[8]

保護者が学校選択の参考にするのは，学校が発行するペーパーものや，今話題のインターネットホームページ，CATVではなかった。やはり，学校に足を運び，教員から聞き，自分の眼でみる。できれば学校行事もみた上でという，実際の学校をみたいとの願いが強い。そして，口コミにも比重が置かれていた。子どもや保護者からいえば，学校を選ぶことであるが，学校側からいえば，選ばれることになる。ここにも，現制度を改革する学校選択制に対する相方のとらえ方の差に原因があるとみられる。

さて，こうしたアンケートの結果をみた上で，ISは校区についてはとくに設けない。費用を負担する自治体側から考えると，当然そこの住民に限定したいと考えても無理はないかもしれない。しかし，活気のある学校が存在することは，地域の活性化にもつながり，自治体にとっても誇りとなりうるであろう。また，ISの開校とその後の活動が必ずや各自治体内の学校の活性化に結

表4-2-7 「生徒や親が公立の小・中学校を選べない現在の制度はこのままで良いと思いますか.」

	とてもそう思う	ややそう思う	どちらでもない	あまりそう思わない	ほとんどそう思わない	無回答
教員	10%	24%	41%	18%	6%	4%
校長	4%	31%	30%	25%	6%	4%
指導主事	7%	25%	26%	29%	12%	1%

表 4-2-8 「学校を選ぶとき，学校を詳しく知るにはどのような方法が良いと思いますか.」

小学校 6 年生の保護者（平成 12 年 3 月調査）　　　　　　　　　　（複数回答可）

	回答数(6,881)	%
1. 学校公開	1,246	18.11
2. 学校だより	220	3.20
3. 学校要覧・案内	265	3.85
4. 学校パンフレット	225	3.27
5. 学校説明会	856	12.44
6. 学校見学会	981	14.26
7. CATV（ケーブルテレビ）	118	1.71
8. インターネットホームページ	134	1.95
9. 文化祭，運動会の学校行事を見て	914	13.28
10. 友人からの情報	1,019	14.81
11. 地域からの情報	848	12.32
12. その他	55	0.80

びつくと確信する。むしろ自治体は，競ってユニークな IS の誘致をして欲しい。一方，IS 側も自治体からの支援に対し，地域社会に自らがどのように貢献できるかを考え，保護者はもちろんのこと，地域住民との対話を重ねながら，自己の存在を十分理解してもらう努力をするのは当然である。

　ただ，いかに自由で，かつユニークな教育への賛同者が増えたとはいえ，児童・生徒の生活サイクルを考えると，余りにも長時間にわたる通学は好ましくないと考える。よって，通学時間のめやすを小学生は 50 分以内，中学生は 60 分以内とする。学校選択の機会を増やす意味からも，校区のオープン化は是非とも実行したいことである。

第3節 ISの認可と取消し

1 ISの認可

　認可は，あえて今までの私立学校と異なる方法をとった。現在は，私立学校の設立は，都道府県の首長部局が担当している。ISの認可は，ただ単に認可のみでなく，再認可審査そして取消しという3機能を有する「独立した機関」により行うことにする。これまでの人的，組織的なしがらみからも，既存の教育理念，活動からも自立する学校づくりをめざす関係上，認可，再認可審査，そして取消しも新しい感覚をそなえた組織で行うべきである。そのためのインディペンデントスクール資格審査委員会（Independent School Accreditation Board，略称ISAB）の設置を提唱する。

　審査委員は，独立し，安定した継続的権限行使のためにも専任とし，教職関係者に限らず，各分野の専門家である委員により委員会が編成される。教育は社会のあらゆる分野と関わっており，かつその成果が社会の将来も決めるといっても過言ではない。それを，専門職ということで教員にすべてを任せたところに，他と隔絶された，ある種，他からは触りえない特殊で狭い教育界ができあがり，偏った学校文化などといわれる状態に陥ったことも，十分に反省をすべきである。さらに，教育成果が教科指導的なものにのみ眼を向けられるだけでなく，自立する教育機関として財務上の健全性も審査対象にするべきで，一般企業の管理職経験者や財務の専門家である公認会計士なども，審査委員に加えたい。

2 ISの認可条件

　さて，ISにおける教育内容の決定について調査結果をみてみよう。
　今後の学校教育は，内容の決定について，「ある程度の規定を適用するが，

表 4-3-1 「「新しい公立学校」における教育内容の決定方法について，どれが良いと思いますか.」

	現在のように学習指導要額等の規定により決めているので良い	ある程度の規定は適用されるが，学校の事情に合わせて決められる部分もあるようにする	規定を定めずに，学校が独自に教育内容を決める	無回答
保護者	5%	71%	18%	5%
企業経営者	7%	70%	21%	3%
教員	6%	90%	4%	0%
校長	14%	79%	4%	4%
指導主事	19%	71%	7%	3%

学校の事情により決められる部分もあるようにする」が，どの調査対象者でも7〜9割にのぼり，さらに「規定を定めず学校が独自に教育内容を決める」が保護者と企業経営者で2割前後になっている。この数値をみると規制の枠をゆるめて，本来学校であるべき教育の内容を，大胆に追求できるようにすることが時代の傾向であるといってよい。学校がこの時代の趨勢に取り残されないように，教育目的を考え直して新たな姿勢で取り組む必要がある。

そこで，ISで行う教育の最終目的を，認可条件の1番目にあげたい。現在の私立学校設置の認可条件でもっとも重視されるのは校地・校舎である。まず自己所有の校地・校舎がなければ，担当窓口では学校設置については相手にされないのが実態である。ISの認可条件では，校地・校舎は従来のようには重要視しない。教育をどこで行うかよりも，何を学び，何を最終の目的とするかを最重視するべきである。日本の学校は画一的といわれるが，その原因としては，各学校で独自の教育目的を明示しないことがまずあげられる。私立学校も公立学校の一翼を担うものと捉えられているからには，すべての学校で均質，かつ一定水準の教育サービスを提供することは不可欠である。しかし，この画

一性，均一性に子どもたちが拒否反応を表してきた。これに応えるISにおいては，旧来の設置基準を若干変更する必要がある。

　これまでは，どの業界もすべて護送船団方式により，海外の資本の侵入から守られ，とりわけ，日本国内でも特別に許認可を要する分野は，一度認可されると，その組織の永続性が保証されてきた。海外からの競合より法的に守るためには，その業界の内部の崩壊を防ぐ必要がある。そうでないと護送船団方式の意味がなくなってしまうからである。学校についても同様であった。厳しい条件をつけて認可するからには，一度認可したものは，継続してもらわないと困ると考えれば，財政的安定が最重視されてきたことにも意味があると考えられる。現にアメリカのチャータースクールでも，設置認可を得て，開校したものの，創設費の負担（借入金）に耐え切れず，閉校に陥ったケースもある。このような事態にならないよう，校地・校舎の自己所有を認可の必要条件としたのは，うなずける。しかしISは，後に述べるように，地方自治体の協力を仰ぐ関係上，認可条件の第一には，以下のような教育の目標と目的をおきたいと考える。[9]

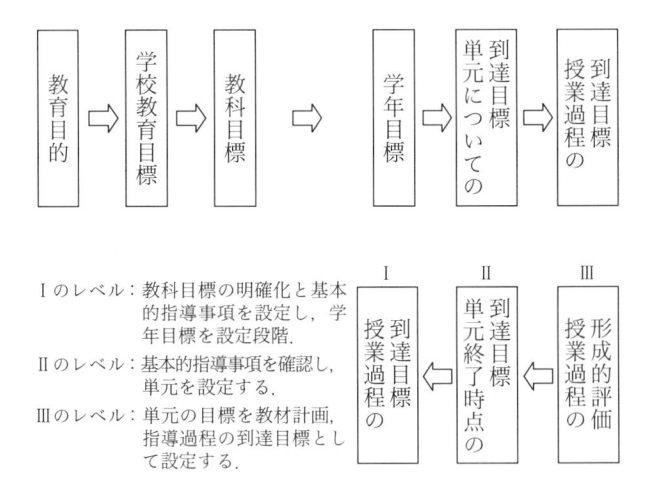

教育目的 ⇨ 学校教育目標 ⇨ 教科目標 ⇨ 学年目標 ⇨ 単元についての到達目標 ⇨ 到達目標の授業過程

Ⅰ　　　Ⅱ　　　Ⅲ

到達目標の授業過程 ⇦ 単元終了時点の到達目標 ⇦ 形成的評価 授業過程の

Ⅰのレベル：教科目標の明確化と基本的指導事項を設定し，学年目標を設定段階．
Ⅱのレベル：基本的指導事項を確認し，単元を設定する．
Ⅲのレベル：単元の目標を教材計画，指導過程の到達目標として設定する．

第2の認可条件は,児童・生徒の学業における到達目標である。これこそISの設置目的からいうと千差万別となるだろう。しかし,多様化とはいえ,あまりに抽象的な目標を認めるわけにはいかない。公立学校の枠では十分に満足できないものを求めたり,逆に,集団学習になじめないゆえ,ISを選んだりといろいろなパターンが考えられる。それなりに個性の強い児童・生徒の率が高くなることも可能性としては大である。教育目標なども絞り込めることにより,公立学校よりは子どもたちの希望にそえる率も高くなるであろう。ただ,そうはいっても,やはり学校である限りは,ある程度の集団学習であることには違いがない。自由放任の教員とはいえ,何を教え,何を学ばせようとするのかは明確にしないといけない。また,芸術であったり,スポーツであったり,語学であったり,ときには社会性や社会のルールであるかもしれない。どれもが,重要な学業としてのテーマでなければならない。それぞれのテーマにおいて,どんな内容をどのレベルまで習得させるのかを最初にしっかりと決めておく必要がある。

なお,設置申請と認可時において,認可条件は学校,教科,それに学年のそれぞれの目標を中心としてもよいが,認可後における実際の教育にあたって,特色のある学習テーマとともに基礎学力の習得も必要なことである。ISにおいては統一テストのレベルを一人ひとりの生徒について決める関係上,各生徒の達成度について最後まで注視するのは当然である。いかに特徴のある分野の学習を求めたり,個性が強くても,社会人として最低学ばねばならない基礎学力を軽んずる風潮だけは絶対に慎むべきである。

第3の認可条件は,3年間にわたる学校運営の財務面からの収支予算についてである。とくに収入面については今までの公立学校については予算配分を行い,見方によれば「さずかりもの」であった。しかし,ISでは経常経費の70％は助成金を受けるが,残りの30％は学費の徴収でまかなう。つまり,児童や生徒の確保ができなければ,この30％に不足をきたすことになる。教育活

動における自立とともに、財政面での自立を必須条件とする IS においては、この収支予算こそ学校の命運を賭けるものになる。

認可条件の重点項目となる、①学校の目的・目標、②学業の到達目標、③3年間の収支予算それぞれは、互いに深く連動し、どれが欠けても学校運営は成功しない。

次に人的な面からみると、公私協力方式とはいえ、公は財政面での支えとなっても、教育活動に責任は負わない。すると、学校設置の発起人はもちろんのこと、日常的な経営の最終決定機関である理事会、そして教育活動を通して学校の評価を築く教員の3者が連動し一体となることこそが、IS にとって自立して存続しうるもっとも重要な条件となるに違いない。いつの間にかできた学校ではない。誰がつくったか分からない学校でもない。学校改革にチャレンジする人たちが、一人ひとりの責任において、それぞれの役割を果たすチームワークをもって作り上げられる学校こそが IS である。

目的と目標という用語は必ずしも明確に使いわけられているわけではないが、およそ次のような指摘はできる。教育の目的を実現するための手段として、順次に達成すべきめあてが「目標」である。「目的」は方向性を強く意味し、一般的で全体的・究極的な価値を表現している。これに対して「目標」は、過程を強く合意し、個別的（特殊的）、部分的で段階的な価値を表現している。「目的」はねらいそのもの、価値あるめあてそのものをさし、「目標」は価値そのものよりも、その価値に至る道程を示すものである。したがって、教育目標は、一定の順序と時間をかけて、逐次、実現していくことのできるような分析がなされ、具体的で明確な表現を用いることが重視される。[10]

3　IS への転化

IS は、新設校に限らない。私立学校からの転化も大いに奨励すべきである。今の学校にあきたらない人々が、どれほど多く参画するかが成否の分かれ目と

なる。停滞した人事、惰性に流れる日常活動、古いしがらみの入り混じった校内、これらのどれもが大部分の日本の私立学校が抱える問題である。いつの間にか、公立学校と違いがない教育内容や教育活動になってしまった私立学校が何と多いことか。私がかつて私立学校の校長を対象に行ったアンケートの結果から、私立学校の問題点と将来への不安点をみてみたい。

当然のことながら、「生徒の減少」とそれに伴う「財政の圧迫」が最重要課題となっている。出生率の低下に歯止めがかからない現在、少子化は一時的現象ではない。第1次ベビーブームがみられた昭和24年には270万人、そして第2次ベビーブームの昭和48年だけは209万人の新生児が誕生しているのが、平成10年では120万人に減少している。まず、この少子化に伴う在籍生徒減の実態について考えてみよう。

この表の数字をみても、問題点ははっきりしている。将来が不安だという時

表4-3-2 「10年後の貴校にとっての重要な課題とお考えのことはどんなことでしょうか。」

(重複回答可)

	生徒減	財政圧迫	教員高齢化	公立との競合	学校の存続	その他
人数	649	598	294	253	179	90
比率	75.4%	69.5%	34.2%	27.3%	20.8%	10.5%

(数字は回答校861校に対する比率を示す)

表4-3-3 「平成11年度の生徒数は平成元年と比較してどうですか。」

	増加	変化なし	減少	減少の内訳			
				10%未満	10%以上15%未満	15%以上20%未満	20%以上
人数	125	292	413	110	89	54	154
比率	14.5%	33.9%	48.0%	13.3%	10.7%	6.5%	18.5%

(無回答、無効回答を除く)

代はもはや終わった。たしかな現実的な対応に着手する必要がある。その意味では私学のISへの転化は生き残りへのチャンスであるかもしれない。

　ISに転化することには，今より大きな責任が伴なう。全校あげて認可条件と取り組まねばならず，抱えている現状との整合性も，障害となる可能性が大である。しかし，いずれにせよ「座して死を待つ」組織に将来はない。後述するように，ISへの経常経費の補助率の増加で30％の補助金を70％に増額するチャンスなのだから，チャレンジする値打ちはあると考えるべきだ。ただ，教育の結果責任は，一部の進学校を除いて私立学校に課せられている訳ではない。それが今回の，厳しい時代に十分対応することができなかった隙や油断を生んだともいえる。ISについて認可の取消しもありうるという厳しい条件が伴う。しかし，これに立ち向かえる私立学校でなければ，結局は生き残りが難しい冬の時代が到来する。私立学校創立の原点に立ち帰るとともに，社会の変化に対応できる教育組織としての存在を明確に志向すべきである。沈滞した私立学校界の活性化，さらには多様な自立学校の誕生によって，わが国の教育界全体を覆う画一性や，硬直した殻が打ち破られると確信する。

　カリフォルニア州では，公立学校からチャータースクールへの転化が認められている。その1校であるエジソン・マクネイアー・アカデミーが公立学校から転化した時の様子を，リードティーチャーのトッド・マッキー氏のインタビューから引用する。学校経営者の公立学校からの転化というわが国では考えられない事例である。今後のわが国においでも取り組むべき方法のひとつとなる可能性は捨てがたい。

・ここはもともと公立だったと聞くが。
「チャーターも公立だが伝統的な公立学校だったということだ。」
・なぜ前の公立学校からチャータースクールに変わったのか。
「理由の1つは，州でも地区でも，もっとも成績が悪い学校のひとつだった。

そこで学校区は生徒の成績の問題を解決するために動いた。これがもっとも大きな理由である。」

・誰がチャータースクールにしようと決めたのか。

「エジソンカンパニーが地区に働きかけた。ここはK—8までの学校区であるが，エジソンがそこに働きかけ，学校区の責任者と交渉し，教師も交えてチャータースクールを作ることになった。エジソンがPRL，チャータースクールの説明を行い，そして教員が投票した結果，チャータースクールへの転化を決定して，エジソンスクールとなった。

・その場合教員の1/2が賛成しないとチャーターにならないと聞いたが。

「チャータースクールに転化する方法は，各州で異なるが，カリフォルニア州では2つの方法がある。その学校の先生の50％が賛成するか，あるいは学校区全体において先生の10％が賛成するか，のどちらかで可能になる。あとの数字のほうは確認しないといけないが。」

・この学校はどちらの方法できまったのか。

「50％の賛成の方で，決まった。」

・具体的な数字はどのくらいか。

「これは2年前のことで，詳しい数字を覚えていないが，ほとんどの先生が同意した。」

・なぜ公立がエジソンカンパニーのチャータースクールに変われば良いと思ったのか。

「エジソン社の設計の多くの特色がアピールしたと思う。今，全米で100校程のエジソンスクールがあるだろう。十分研究をした結果，優れた学校設計ができ上がった。カリキュラムも優れていて，資金を集める力もあるので，生徒一人ひとりにコンピュータを活用させることができる。だからおよそどの人の賛同も得ることができる。エジソン社では研究機関があって，他の学校でうまくいっていないことやエジソンスクールになって成績が上がってい

ることを調査して統計で示すことができる。」

4 IS のモニター制度

　教育界は，一般社会と隔離された社会との見方がある。金を出している人（納税者・保護者）が頭を下げ，受け取っている人（学校関係者）が反り返っている。集金する必要もなく，不渡り手形もない。少し大げさかもしれないが，顧客からの苦情や小言もない世界には，いつでも，ひとつ間違えば，唯我独尊の境地に陥る危険性が常にある。常日頃から，児童・生徒や保護者の満足度に対し敏感に対処する姿勢をもつことが大切である。同時に，設立目的に対し，どの地位に自分達の教育活動があるのかも正確に知っておく必要がある。教育革命を目指す「新しい学校」IS には，現存する学校とどこが違うのかを明確に告知する義務がある。その意味で，IS 間における相互評価システムの確立は重要である。自分たちの使命と，死守すべき条件を知り尽くしたメンバーの厳しい眼により，互いの教育活動の評価を行ってこそ，IS の真の自立が可能となるのである。さらに，評価結果は学内で公表することになる。開かれた学校とは，施設や人材のみならず，学校のあらゆる情報も広く開示するものでなければならない。

　このような IS 間のモニター制度について，各 IS での校内公開授業制の採用をその大前提とするよう提案したい。この制度は，2つの点より価値が見出される。その1は，教員が相互に授業を公開し，互いに遠慮なく批評が繰り返される点である。それが専門職としての教員の技量を磨く最良の場となり，一人ひとりの教員の個性が発揮されて，多様な授業が展開されてゆく。これが教員にとっての自立への一歩となる。現在のように，初任者研修を修了すれば，あとは教室の王様でいる限り，教員の専門職としての評価は世間でははっきり認識できないものに終わってしまう。研究授業が単なるイベントにとどまる限り，教員同士の磨き合いは実現しない。

次は，保護者への授業公開である。年に1回，有るか無しかといった公開ではなく，常時参観の機会を設けることで，児童・生徒も慣れ，平常心で授業を受けられるようになる。保護者の授業参観が珍しいからこそ，子どもたちが緊張したり，その場しのぎの「特別授業」となる。

　このような日常的公開授業が実現すると，IS間の相互評価制度は年1回でも十分にその機能を果たすことができる。当然ながら，ISの教員にとって，日常的公開授業に取り組むことが採用の条件となる。学校改革は，教員の意識改革がなされてこそ実現するものである。これなくして，改革の成功はありえないといえよう。

5　ISの再認可審査

　ISが既存の学校ともっとも異なる点は，学校設立にあたって提出する教育目的や目標，それに財務状況を明記した設立申請書について，認可権をもつISABが審査をすることである。公費を運営費に注入するということは，それに応える義務があることを意味する。この考え方は，本来，公立学校にも適用すべきであるが，残念ながらその議論がなされないまま，今日に至った。それが今日の教育の状況や問題を引き起こしてしまったのではないだろうか。また，ISABの審査では，単に各種の数字を追いかけるだけでなく，教員，保護者，生徒からも学校活動の状況等の聞き取りを行うべきである。学校に対していいたいことは山のようにありながら，「わが子を人質にとられているから」といった考えで，我慢をするのが当たり前になってしまっている保護者に学校が甘えている構図にあって，学校の明日はない。

6　ISの取消し

　銀行や証券会社の倒産も，さらには百貨店やスーパーの倒産も税金でまかなうことが当たり前になった昨今とはいえ，学校の倒産などあるはずがないと信

じこまれている。わが国において、いかに学校創立時の約束とはいえ、倒産ともいえる学校閉鎖が果たして一般に受け入れられるのか。あらゆる分野で、護送船団方式が浸透し、他人と同じことをしておれば安心で、制度的にも守られることに慣れた国民性である。この項目については、自己責任の浸透したアメリカとでは大きく異なる可能性がある。しかし、新しい学校制度の中においてはもっとも重要な項目である。しっかり確認しておきたい。

企業経営者が若干慎重な姿勢をみせているのに対し、保護者をはじめ、他のグループはすべて60％を超えている。とくに指導主事は「やや賛成」までで

表4-3-4 「認可した教育委員会等がこの「新しい公立学校」の運営について、学校設立時の教育目標に達していないと判断した場合、学校を閉鎖することについて、どう思いますか.」

	大いに賛成	やや賛成	やや反対	大いに反対	無回答
保護者	15%	45%	30%	5%	5%
企業経営者	21%	33%	33%	10%	3%
教員	17%	43%	32%	6%	2%
校長	23%	44%	22%	5%	5%
指導主事	31%	48%	17%	3%	2%

表4-3-5 「チャータースクールとして認可を受けて一定期間（例えば5年）後に、学校は申請と認可時に約束した教育成果について評価を受け、その責任を果たしていないと判断された場合、認可を取り消される.」

	大いに賛成	やや賛成	やや反対	大いに反対	無回答
保護者	25%	50%	18%	2%	5%
企業経営者	17%	34%	35%	10%	4%
教員	29%	48%	19%	2%	2%
校長	36%	49%	10%	1%	3%
指導主事	42%	47%	6%	1%	5%

79％にもなった。反対に比重を置いてみると，企業経営者の43％，教員の38％，保護者の35％と，見過ごすには大きすぎる数字がある。「学校がなくなる」などということを体験したことのないわれわれにとって，「大きな期待を担って設置される新しい学校が，目標に達しないようなら役目を果たしていない。閉鎖もやむなし。」と考える反面，「なかなかそれには納得しかねる。」との考えも残っている状態がよくわかる。

単なる仮想社会における「新しい学校」に対し，現実にアメリカにある「チャータースクール」の場合として，その事例についての賛否をとってみると，違いが出てきた。相変わらず慎重な姿勢を変えない企業経営者以外はすべて賛成の方に大きく変化した。保護者は60％→77％，校長は67％→85％，指導主事は79％→90％と変化した。現実にアメリカで行われているという告知は，とても大きな判断材料となっている。

以上2つの結果から，私はISにおいても創立時の教育目標に達しない場合は，認可の取消し，すなわち学校の閉鎖を行うべきだと結論付けたい。

カリフォルニア州チャータースクール連盟のオフィスにおいて，エグゼクティブディレクターのスー・ブラカド女史に，5年後の更新期において，更新できなかった事例を尋ねた。彼女はカリフォルニア州のチャータースクール第1号である，サンカルロス・チャーター・ラーニングセンターの創設者でもある。

・**チャータースクールを開いて，うまくゆかなかった，そして5年後にチャータースクール許可の更新ができなかった，というケースについては。**

「チャーターは5年ごとに与えられる。学校区でチャータースクールが財政上運営できなくなったり，カリキュラムを予定通り提供していないとわかればチャーターを取り消すことができる。そしてその学校を閉めることになる。チャータースクールにアカウンタビリティ（学力向上の最低保証）が求められていることも従来の学校よりも優れた点だと思う。それだけ柔軟性が

増すことになるわけだから。公立学校も同じようにアカウンタビリティが求められるならば、また約束する教育サービスが提供できないなら学校をクローズしてしまう、そんなことになればシステムも改善されるだろう。チャータースクールがクローズする理由や状況はそれぞれ異なっている。ある学校は施設が学校区によるチャータースクールの認可条件と合致しないという理由でクローズされた。これはすぐ閉鎖になった。また財政運営がうまくゆかなかったので閉鎖したという学校も2つある。実際に在籍しているよりも多い生徒数を報告してクローズしたのもある。これは法に違反していることになるわけだ。運営体が正常に機能しておらず生徒の利益が損なわれるという理由でクローズしたのもある。現場における決定がうまくなされていないので学校区がクローズしたのだ。私としてはチャータースクールがチャータースクール法に則って運営されておらず、管理がよくなければ閉めるのもしかたがないと考えている。公立学校についても同じであるべきだ。」

・カリフォルニアでは毎年70～80校もチャータースクールが増加しているが、反面クローズしてゆくチャータースクールも増えているのでは。

「幸いなことに今までの発展に比べれば少ない数に留まる。新しくスタートするチャータースクールはエキスパートを有し、それが支えとなっている。私たちが初めてチャータースクールを開いた時にはチャータースクールとは何かを十分説明することもできなかったし、誰か助けてくれる人もいなかった。それに対して今は新しくチャータースクールを開いた場合、自分たちの考えているチャータースクールと似通ったチャータースクールを見に行ったり、州の連盟や州教委からの支援も与えられる。州などが主催するチャータースクール会議やワークショップにも参加できる。はじめの頃に何の助けも与えられなかったのに比べてずいぶん楽になっている。このように技術レベルが上がっているのでチャータースクールの運営に失敗する率も低くなった。」

アメリカにおいても同様と思うが，十分に設備的には整備されている公立学校があるのに，あえてそれと同年齢の子どもたちを対象とする学校をつくるならば，それなりの効果を上げなければ意味がないと考えるべきである。それは新しく作られた学校だからというだけでなく，閉鎖という厳しい処分が下されることを現実のことと受けとめることによって，社会も，あるいは教員をはじめとする学校関係者も，厳しい尺度で自分達の教育成果を見つめ直す，教育目標達成の確認という機会をつくることになる。これこそチャータースクールがISの公立学校改革に果たす重要な役割である。

第4節　ISの教育

1　教育目的，目標の開示

　ISの設立目的は，教育委員会から自立した学校運営をし，自立した人間を育てる教育を実践することであり，これは全ISに共通したことである。しかし，教育内容は各ISが何に重点を置くかによって，大きな違いがでる可能性が十分にある。学校側は入学希望者に教育目的を知らせ，児童・生徒や保護者は，教育目的を十分に知った上でその選択をすることが必要である。

　すべての回答者のグループについて100％に近い数字で「必要がある」という回答が出ている。ISにおいてはこの部分に力を入れて行いたいと考える。

　とりわけ，教育を受ける側が納得をして学校に入ることが重要になってくる。納得しているからこそ，入学後の児童・生徒の自発性に大いに納得できるのである。と同時に，教員側からみても潜在能力の抽出において，「納得しているか否か」は大きな違いとなってくる。ISにおいて，教育の目的を明確に打ち出し，その目的に添って達成したい目標を細かく決定していく。達成感のない毎日は児童・生徒達にとってはつまらないものであり，ひいては学校の存在価値さえもわからなくなっていく。このことを回避するために徹底して目

表4-4-1 「新しい公立学校」において，入学段階で教育目標を生徒や保護者に知らせることについて」

	知らせる必要がある	必要がない	無回答
保護者	91%	6%	4%
企業経営者	93%	4%	2%
教員	97%	2%	1%
校長	95%	1%	3%
指導主事	98%	0%	2%

的・目標の開示について，3者間にて話をしていくことになる。またプロセスにおける改善，改訂については逐次行う，柔軟な姿勢をもつものとする。

2 ISの入学

 アメリカのCS同様，わが国におけるISも公立学校改革の起爆剤としての役割を期待するものである。アメリカのチャータースクールは完全な公立学校なので，「入学にあたっては宗教その他あらゆる点で差別をしないものとする」と定められ，希望者多数の場合，入学者は基本的に抽選で決定する。しかし，ISにおいては，入学者は主に面接によって選抜する。筆記テストや内申書などの書類審査で選抜することはしない。

 ISでは，生徒の学習目標到達について，生徒・保護者側と学校側が1/2ずつ責任を負う（これについては後述する）。したがって，面接の際に，ISの教育目的や手法を十分に理解し，自発的な学習行動により，目標値に到達する見込みと意欲があるか否かが学校側にとって選抜の主な理由となる。ISの特徴は，集団学習の環境の中で個性や能力の開花が困難である者に対し，より個性の発揮しやすい学習機会を与えることである。ゆえに選抜という方法で，特化した教育目的や手法を十分理解する子弟を預かることは大切と考える。入学に

際しては，目標設定し，教育方針について十分に合意が得られるように，保護者，児童・生徒，そして学校側の3者面談を実施する．目的が定まらない場合，学校の教育方針に沿わない場合は，入学させないことを前提とする．

児童・生徒のさまざまな分野における能力を着実に伸ばすことが，ISの重要な条件となると述べたが，これにあたっては児童・生徒，学校側そして保護者の十分な理解と全員一致による取り組みが必要である．そこで保護者の学校

表4-4-2 「生徒の保護者はチャータースクールの教育に参加する機会を与えられていて，時に参加義務もある．」

	大いに賛成	やや賛成	やや反対	大いに反対	無回答
保護者	32%	52%	11%	1%	5%
企業経営者	32%	43%	18%	3%	5%
教員	42%	50%	5%	0%	3%
校長	42%	49%	5%	0%	4%
指導主事	49%	45%	1%	0%	6%

表4-4-3 「あなたは保護者，あるいは地域の住民という立場で学校運営に参加することについて，どう思いますか．」

	運営の中心的役割を果たす理事会などがあれば，そのメンバーとして参加したい	意見を述べる程度なら参加する	意見を述べずに出席する程度なら参加する	参加したくない	無回答
保護者	9%	58%	16%	10%	7%
企業経営者	51%	37%	5%	3%	3%
教員	9%	78%	6%	6%	1%
校長	20%	73%	2%	2%	4%
指導主事	39%	58%	0%	2%	1%

教育への参加についての調査結果をみてみよう（表4-4-2参照）。

表をみると，保護者の学校教育参加については，賛成が「大いに」と「やや」をあわせて，調査対象者間で70％〜90％割台のレベルに達している。

一方，「保護者としてのどのレベルで参加したいか」についての調査結果をみてみよう。

表をみると，「意見を述べる程度なら参加する」が回答中で中心を占めているが，一方では「参加したくない」は10％かそれ以下にとどまる。親の教育参加による生徒の教育の充実化を重視する点において，さらに保護者として参加する意志において，各者の意見が一致している。今後，保護者の教育参加が実りあるものとなるような態勢の準備が求められる。

アメリカではチャータースクール以外の公立学校でも，通常的に保護者の学校運営への参加が活発である。しかし，チャータースクールでは教育目標の達成が学校存続の第一条件であるので，一般の公立学校以上に，保護者の参加を求めている。それは，単にボランティアの域を越えて，入学時の選考（建前上は行えないが，実際は行っているチャータースクールが多い）においても重要視され，時には入学の契約書にも学校と保護者の間で義務付けられることがある。ここでは，ハイレベルのチャータースクールとして高い評価を得ている，カリフォルニア州サンフランシスコ市の郊外にある，エリゼ・パッキンハム・チャータースクールの校長，ボブ・ハンプトン氏と，リーダーシップ・ハイスクールのジョニー・フェルナンデス氏のインタビューから学校と保護者の関わりについて引用する。

・親の学校への関わりについて，入学時に契約したりするのか。
「そうだ。学校側が期待することをはっきり示すことにしている。もっとも強制ではない。諸項目が決められている。オリエンテーション出席は義務付けられているが，後は「期待するもの」に留まる。保護者の参加の重要性が

第4章 「日本型チャータースクール」の構想　153

研究の結果，明らかになった。それを土台にして運営している。」
・日本ではこの点で問題がある。保護者にも，生徒にも，教育に口出しをさせないでやってきたので，改善への意欲をなくさせてしまった。もっとも教員は，保護者の参加をあまり期待していないのではないか。しかし文部科学省や教委は保護者の参加を求める気持ちがある。ここでは保護者が学校の期待に応えているのはわかるが，学校運営についても，保護者の参加を求めているのか。
「学校運営には保護者の参加をさほど求めてはいない。学校の目標に向けて保護者の参加が期待されている。保護者は生徒をよく知っている。だからこのプロセスでチームの一員になってほしい。学習目標を十分に理解して，その達成に向けて協力してもらう助けとなるよう求めている。」
・具体的に親が参加する会議等はあるのか。
「保護者は教員と週1回ミーティングする。」
・それは900人の生徒全部の保護者に対してか。
「そのとおりだ。」
　　　（エリゼ・パッキンハム・チャータースクールの校長，ボブ・ハンプトン氏）

・保護者の学校への関わり方については。
「保護者が運営の決定に参加するように勧めている。保護者，生徒，学校のトライアングルが基本になる。保護者の連絡係員がいる。将来この人は常勤職員になるだろう。」
・その人の経歴は。
「ここの卒業生の母親だ。ビジネス経験がある。」
・現在，学校と保護者の両者の関係で，何があるか。
「サイト・ミーティングがあって保護者は月1回の会合を保護者同士でもつ。

月1回学校運営職員と保護者のミーティングがある。情報を交換したりする。つまり，保護者は月に2回ミーティングをすることになる。」

・保護者の意志決定はどの分野でとくに期待しているのか。

「今も進行中であってとくにどれとはまだいえない。全スタッフのインタビュー委員会がある。どんなイベントとも決めないで参加してもらう。いろんなバランスを考えて保護者が参加する活動を企画している。保護者は教育における経験は一般的にはないのだから，とにかく行事に参加してもらって，ここでどんな教育をしているかをみてもらう。時間をかけて活動をやってもらうようにしている。こんな努力をしているところだ。」

・学校行事に参加してほしいが，学校経営そのものに意見を求めるのではない，ということか。

「そうだ。しかし保護者は自分達の活動のテーマをもっている。学校の設立後1～2年間は活動テーマは土台作りであってまず保護者たちには改善しようという意図があった。それに学校の管理者側が対応する行動をとってきた。今は学校側は安定してきているので保護者もさほどアグレッシブな行動はとってはいないが自分達のテーマをもって行動している。ある場合は資金集めをしたりする。また生徒のイベントにも参加する。」

・日本でも今，ようやく保護者や地域の考えを教育に取り入れるようになってきた。学校評議員制ができるようになるが。

「アメリカでは多くの学校がそのようなかたちをとっていてニューヨークでも同じような形態をとっている。学校管理者と保護者とが毎月会合を開く。そして決定を行ったりする。それに参加して意見を発表することができる。この分野はもっと向上させる必要があると思う。」

・学校として必要と思うか。

「思う。毎年保護者の参加率は低下している。しかし保護者が参加する生徒の成績はよいのが分かっている。生徒たちは独立性が増してゆくのだが，そ

の一方で保護者がたとえ少しでも自分たちを見てくれ勇気づけてくれると認識することは大切だ。」

(リーダーシップ・ハイスクールのジョニー・フェルナンデス氏)

3　ISのカリキュラム

　学校の自立をめざすにあたって、学習指導要領からの自立という考え方が必要になってくる。これは学習指導要領を無視するという意味ではない。むしろ、今まで鵜呑みにしてきた結果、教育内容が画一的になりがちであった点を反省し、その意図するところを捉えなおし、「ミニマムスタンダード」としてカリキュラムの軸とすることであると考える。それをもとに、各学校・教師が自身の裁量で地域や児童・生徒にあった教育内容を工夫すべきである。これを現場はもちろん、行政側の文部省や各教育委員会も再認識しなければならない。

　これまでは、「ミニマムスタンダード」というより、学習指導要領の内容を網羅し、それ以上の内容は取り入れないという「マキシマムスタンダード」に近くなっているのが現状である。教科書に載っていない内容を授業に取り入れたり、テストに出題した場合に当の児童・生徒たちから抗議の声があがるというのが現実で、それは入学試験などの影響も多分にあると思われる。序章で述べたように、均質な労働者の育成を主眼とした画一的な教育は大きな歪みを生み出した。

　厳密にいえば、学習指導要領によらない授業は文部科学省令違反となる。しかし、それを範とするだけで偏った指導がなされるという弊害を考えると、「学習指導要領はミニマムスタンダード」に徹することで、眼の前にいる児童・生徒によくわかる、楽しい授業が展開されるに違いない。

　さて、「学校の教育内容の決定」についての調査結果をもう1度みてみよう(次ページ表4-4-4参照)。

表 4-4-4 「「新しい公立学校」における教育内容の決定方法について，どれが良いと思いますか．」

	現在のように学習指導要領等の規定により決めているので良い	ある程度の規定は適用されるが，学校の事情に合わせて決められる部分もあるようにする	規定を定めずに，学校が独自に教育内容を決める	無回答
保護者	5%	71%	18%	5%
企業経営者	7%	70%	21%	3%
教員	6%	90%	4%	0%
校長	14%	79%	4%	4%
指導主事	19%	71%	7%	3%

　表をみると，「学校の事情にあわせ決める」方向で現状を改善する必要がある点で，各者の意見が一致している。この考えにそって教育目的とその達成方法の明確化に向け，具体的な方策を講じるべき時にきている。カリキュラムが今や生徒達の学習の実態にそぐわない状況にあることは次の調査結果から明らかである（表 4-4-5 参照）。

　「興味がわく授業が多いか」という質問に，「そう思わない」が「あまり」と「ほとんど」をあわせて58%にのぼっている。

表 4-4-5 「興味がわく授業が多い．」

	とてもそう思う	多そう思う 少	あまりそう思わない	ほとんどそう思わない	無回答
小学生	15%	40%	30%	15%	0%
中学生	5%	31%	44%	19%	0%
高校生	3%	31%	48%	18%	0%
生徒の平均	8%	34%	41%	17%	0%

ISのカリキュラムは学習指導要領を軸として各学校・教師が生徒のニーズを考慮しながら創意工夫をし，意見交換しながら組み立てる。とはいえ，教師はそのような訓練をされてきていないこともあり，それは大変な労力を必要とする作業である。一度にたくさんのことを成し遂げようと気負わずに少しずつ試行錯誤を重ねる中で時間をかけて作り上げていくものと捉えるべきであろう。

　ISのカリキュラムも，学習指導要領にある内容のみならず，個々の生徒が興味のある内容を掘り下げて時間をかけて学習する機会も作るべきである。調査結果をみてみると，児童・生徒は年令が上がるにつれて興味のあることをじっくり学んでいるという答えが減少していて，知識偏重の教育になっている現状をあらわしている。

　現在行われている「総合的な学習の時間」のように複数の科目にまたがるような内容や，体験学習のように教科の枠だけにはまらない内容も今後ますます増加することにより興味のある内容をじっくり学ぶ機会もできることと思う。今後，大きな枠組みの中で生徒に学習内容を選択させることができるような柔軟性のあるカリキュラムをめざしたい。本来「総合的な学習の時間」は他の教科学習から独立して存在するのではなく，生活場面に近い設定の中での学習を通して，複数教科にまたがる内容を生徒が有機的に関連づけて理解することが

表4-4-6　「学校で，自分の興味のあることをじっくり学べる機会がある.」

	とてもそう思う	多そう思う	少そう思う	あまりそう思わない	ほとんどそう思わない	無回答
小学生	14%	32%	36%	17%	0%	
中学生	6%	20%	45%	28%	1%	
高校生	4%	17%	45%	34%	0%	
生徒の平均	8%	23%	42%	27%	0%	

できることにその意味がある。生徒によっては学年にこだわらずに前学年の基礎を復習したり，一年先の内容まで一気に指導することも必要であろう。

学習内容が盛りだくさんになると「ゆとり」がなくなるという懸念もあるだろうが，科目という枠を取り払えば，工夫次第で効率よく学習を進められるカリキュラムは開発できると考える。「ミニマムスタンダード」を押さえつつ，教師の経験と技量により，徐々に自由度の高い内容を取り入れていくようにしたい。

ここで，CS でのインタビューの中からリーダーシップ・ハイスクールの例をみてみよう。少し長くなるが引用する。

・学校の将来像は。

「大学進学準備校だ。全員が大学に進むように考えている。地域社会との関わりをもつものにする。それに対してアクションを与える。生徒と地域とは運命を共同にしている。地域の会社，非営利団体，家族などにリーダーシップを広げてゆく。」

・日本ではチャータースクールで大学進学準備をするというと文部科学省が嫌がるのだが，あなたの価値観はこの点でどうか。

「一体なぜ嫌がるのだろうか。」

・競争を煽るからだ。

「日本のことはあまりしらないが競争はどのレベルでもあると聞く。当地では一般的には競争レベルが低い。だから健全な意味での競争心を育てるのだ。同時にお互いが運命に関わり合っていることを認識させるようにする。学力を付けるとともにお互いが助け合うように教育する。いろんな方法でそれを行う。高学年になって旅行する時に資金集めをする。これによってみんなが旅行に行けるようになる。収入によっては支払えない家族もあるのだ。またいろんなプログラムがある。脱教科を目的としたプログラムもある。これは教科の成績だけで差別しないようにするのが目的だ。」

第 4 章 「日本型チャータースクール」の構想　159

・競争と助け合いの 2 つの要素があるが。

「「みんな」が大学に行くようにする。できるだけよい大学に行ってほしい。一番成績が低い生徒も大学に行ってほしい。」

・みんなよい大学をという気持ちがあるのでは。

「そうだ。」

・そんな生徒のために指導が必要となるのでは。

「そうだ。いつも生徒をプッシュしている。上も下も頑張ってもらう。うまくいっている生徒がうまくいっていない生徒を助けるようにして目標達成の技術を身に付けさせる。自分だけで満足しないようにさせる。」

・具体的にはどんな方法でするのか。

「自分にとってチャレンジとは何か，をまず認識させる。自分よりも年下の生徒たちをまず助ける。こんな状況を現実の課題として設定する。これがリーダーシップクラスの方法だ。こうしてクラスでプロジェクトに取り組ませる。生徒たちがグループになってプロジェクトに取り組む。4 人ほどのグループである。プロジェクトのプレゼンテーションをする時に 100 点の内で 80 点をもらうとすると 4 人だから 80 点もらえば合計 320 点もらうことになる。はじめに，自分はどれだけ積極的に取り組むかを決める。はじめは生徒たちは積極的にしようと努力するものだ。次の学期になって今まで積極的だった生徒が，今度は消極的な取り組みをすると，点が減る評価方式に切り替える。すると今まであまり積極的でなかった生徒たちが，じゃあ今度は自分が頑張る番だ，ということになる。こうして生徒間で積極性のバランスが取れるようにする。」

・日本ではそんなことはなかった。自分の努力が自分の得点なのだ，という考えが強い。それでは協調性が欠けてしまう。

「そうだ。チャータースクールはクラスを設計してゆくという考えに立つ。数学の修得がどうのというのがそのクラスの最終目的ではないのだ。みんな

の統合，人とどのように共に行動するか，個人としても全体としても共に成功する。そんなプロジェクトを自分たちで決める。リソースをどこに取るかを考える。これらの技術を学ぶことが重要だ。科学でも同じ方法で学習してゆく。80点という配分をする。ビジョンはすべてのクラスに組み込まれている。学校はまだ歴史が浅いし，私はまだ1年だ。これは学校のカルチャーとなりつつあり，これからますますそうなるだろう。」

この学校は，リーダーシップを学ぶことが主要なテーマとなっており，教科学習の他にそのための授業がある。また，教科の授業の中にもグループプロセスやリーダーシップが学べるような課題が組み込まれているのがわかる。

教師も生徒とともに日々学んで向上している存在であるとの認識をもち，対象とする生徒の毎年違うことを考えると，カリキュラム開発は決して終わりのあるものではない。カリキュラム開発における創造性や，自立および自律性を教員が十分発揮できれば，学校が活性化すると確信する。

4　ISの教材

教科書は，教育課程にそって具体的な学習項目を示し，本当に必要な基礎的・基本的な教育内容の履修を保証するものだと理解するべきではないか。その意味から，とくに小学校においては，「文部科学大臣の検定済み又は文部科学省著作の教科用図書を使用しなければならない。」これもカリキュラム編成における学習指導要領同様，「ミニマムスタンダード」と解釈すべきである。ISにおいても指導の指針になるべき教科書採用はすべきであるが，「教科書を教えるのでなく，教科書で教える」のいい古された言葉を実践すべきである。とくに，児童・生徒の自発性，自立性の育成を教育の中心に置くISでは，教科書レベルの内容が網羅されているが，より周辺の知識を修得するにふさわしい副読本の採用に独自性を発揮する必要がある。

副読本は3年間使用すれば，その費用も十分に償却できると考える。ISで

は，副読本は学校の所有とし，児童・生徒に貸与する方式を採用する。なお，教科書そのものに言及するならば，検定制度は廃止して，認定制度に移行すべきだと考える。また，教科書の貸与制度も国の政策として採用するならば，バラエティーにとんだ，より興味をそそる内容のものへと充実をはかっても，現在の教科書無償配布にかかる費用範囲内で十分にまかなえると考える。

　また，教科書にそった内容以外において，子どもたちの自己研究，調査活動の中で感じたこと，理解したこと，もっと知りたいことなどを盛り込むようにして，児童・生徒の手による教科書づくりを援助すべきであろう。小学校の6年間それに中・高を通して，自分の手で，独自性のあふれる「もう1つの教科書」を作り上げることは何にも替えがたいものとなろう。子どもの知識を歴史として刻み，どこにもない世界で唯一の教科書ができあがるのである。この指導にあたって教員は，子どもたちの世界を大きく広げるガイドとしての役を十分に果たさなければならない。この点においても，教員の創造性や独創的なアイディアが必要となる。

5　ISの評価法

　ISは認可時に学校の教育目的・目標，また学業の到達目標を明確にし，定期的にその審査を受ける。学校の教育目標の達成は，個々の生徒の目標達成にほかならない。この項では，達成度をどのような方法で査定・評価するかについて述べる。

　すでに入学の項で述べたように，目標達成は，生徒・保護者側とIS側が1/2ずつ責任を負う。そのためには，入学時に十分な話し合いをし，学校の趣旨と目標達成までの役割をお互いが理解することが大切である。このことは，明確な目標をもつ自立した学習者を育成することにもつながる。

　ISの評価法のひとつの軸となるのは統一テストである。学習の成果は数量化できるものだけではない。しかし学歴社会といわれるわが国では，これまで

学習成果が数量化できるものとして測定され，その数値の相対評価が進路を決定する上で重要な意味をもってきた。教育内容も高校・大学の入学試験に大きく影響を受け，画一的になっていった面が多分にある。近年，公立学校の評価法が相対評価から絶対評価へ少しずつ変化してきているが，まだまだ変化は始まったばかりである。

筆記試験は，すべての学習者が同じ内容を学ぶことをねらいとする教育の結果として，個々の学習者が学び取った量を測定するものである。それを主要な評価方法とするのは，画一的な教育の延長線上にあるともいえる。しかし，相対評価がまったくない社会は存在しない。

学業の到達目標の中に数値による指標がないのは，今の日本社会の中で，認可時，認可再申請時に説得力をもちにくいであろう。児童・生徒の自立した学習を促し，個々の多様な才能を引き出すには，数量化できる学習成果とともに，柔軟なカリキュラムとともにその多様な学習成果を数値によらず，十分に評価することが不可欠であると考える。これについては後述する。

統一テストは，「相対評価の中の絶対評価」といえるものをねらいとし，各教科ごとに3つの習熟度を設定する。入学時，学年のはじめに生徒・教員・保護者の3者が話し合って教科ごとに受験する習熟レベルをある程度しぼりこみ，最終的には本人が決定する。この目標値はISよりISABに学年の最初に報告される。この時すでに，この目標に対する到達度の責任はIS側にも1/2あると互いに認識することになる。

この教育成果の習熟度別到達度は，生徒本人はもちろんのこと，IS側においても絶対に到達しなければならないものと位置付ける。習熟度が不十分であるとの結果がでた場合，従来は常に児童・生徒の，ひいては保護者の責任とされるのが常であった。ISでは，目標値に到達できなかった児童・生徒に対しては，必ず到達させることを「約束ごと」として，IS側の手法により対処することになる。

このことは競争を煽るひとつの要因になるとの意見もあるかも知れないが，常に到達しうる細かな目標の積み重ねは，失望だけを子どもに与えるものでは決してないといいたい。漠然と一斉テストを受けてクラス全員が同じ尺度で測定される現在の一般的なテストよりも，学習者みずから納得して設定した目標の方が，無理なく目標が設定でき，目標達成までの努力も持続しやすく，学習者としての責任も自覚できる。また，この入学時のプロセスを十分に行うことで，教員も個々の生徒に適した学習の動機付けが行いやすくなり，授業計画もたてやすくなると考える。保護者との連携も取りやすくなる。

　生徒の学習成果は，もちろん統一テストのみで評価できるものではない。自発的に学習課題を見いだすことのできる自立した学習者を育成することがIS設立の目的のひとつでもある。そのような学習者に，多様なカリキュラムでさまざまな内容を選択し学習できるよう環境を整えるだけでなく，評価の方法も工夫が必要であると考える。

　学習課題を自主的に設定するプロジェクト学習のようなものは，学習成果の表現方法も自由度を高め，学習者が自らの成果を表現しやすくすることが，やる気をたかめ，また創造性を引き出すと考える。評価は，段階評価のみによらず，教員がさまざまな角度からの評価を文章化する。その際に結果だけでなくそこに至る過程にも言及し，生徒が自分の学習過程を自覚的に反省することを促すことも大切である。

　また，評価は教員によるものだけでなく，生徒間で異なる分野の学習成果を共有した学習者同志がお互いを評価し合うことにも比重をおく。これにより教師の評価からの自立を促し，学習の目的自体が「評価されること」だけでなく生徒自身の知的好奇心を満たすこと，また発見を他者と共有することにも比重が置かれるようになると考える。また，生徒間で評価し合うことでお互いの多様な個性を知ることにもつながり，また自分の学習をより客観的に自己評価できるようになる。

第5節　ISの人事

1　ISの校長

　学校の自立の成否は，ひとえに校長の力量にかかっていると断言してよい。画一的，閉鎖的，硬直的と評される学校教育にあって，「自ら思考し，判断し，責任をとる」ことができる主体的能力，意欲，態度は，今まで軽視されがちであった。しかし，学校改革をめざすISは，これらを兼ね備える教員の集団でなければならない。さもないと，今「新しい学校」をつくる意味がない。そのリーダーであり，実践者が校長なのである。

　校長の役目について改めて考えてみよう。第1は，指揮者であること。学習指導要領をミニマムスタンダードとするならば，教育課程の編成は最重要基準となるはずである。単に科目としての総合学習ではなく，教育界全体に学際的思考が求められている。今までのような科目による縦割りを止めて，科目間の連携をどうとるかがポイントになる。これは，組織体としての学校の構成員である全教員の，協力のもとに行わなければならない。一人ひとりの教員の創意工夫をどこまでひきだせるかが校長の腕の見せどころとなる。そのためには，①学校の基本方針を明確にする，②教育課程の編成のための研究や調査を十分にする，③学校の教育目標など教育課程の基本となる具体的な事項を明確にする，の3点が重要となる。これによって，学校としての統一性と一貫性を兼ね備えた教育課程が完成する。

　さらにISにおいては，校長を指揮者とみるならば，教員免許をもたない人も校長に選べるようにしたい。その主な理由は，教員からの校長の弱点として，①どっぷりと教育の世界につかりきった人に斬新なアイディアは期待できない，②教育専門職の管理職を育成するプログラムが完成されていない等で，一般教員との間にこれといった差別化がない点があげられる。オーケスト

ラの指揮者はたしかに演奏家ではないが、専門職の育成プログラムにより、指揮者としては成功している。管理職要請プログラムを1日も早く完成することはもちろんであるが、この際、学校でも思い切って外部の人材を校長に登用すべきである。この点について、アンケート結果をみてみよう。

表より、「校長を教員以外の外部の人から選ぶ」ことについて、保護者や企業経営者で「良いと思う」が「とても」と「少し」を合わせて75%と82%と圧倒的に多い。学校側ではとくに教員に反対が強いが、指導主事では66%がこの考えを支持している。

教員側からみると外部の人になる保護者、企業経営者が外部の人材登用を高く支持しているのは、ある意味で当然と思われる。立場は違っても、やはり学校を外部からみている指導主事が、外部人材の登用に積極的な姿勢を示している点は注目に値する。さらに、現職校長の過半数も賛意を示している。教員免許や教員経験より、外部の新しい風を求めたいというところであろう。

校長の役割の2番目には、教育者である点をあげたい。教員から校長になる人については心配ないと思うが、校長職に就くことに人生を賭ける教員が多くいる中で、あえて教員以外の人を校長に選ぶとすれば、「教育者」として通用する人を必ず採用しなければいけない。一芸に秀でる人は万人の心に通じると

表4-5-1 「学校運営の責任者である校長を教員以外の外部の人々から選ぶことについて、どう思いますか.」

	とても良いと思う	少し良いと思う	あまり良くないと思う	とても良くないと思う	無回答
保護者	26%	49%	19%	3%	4%
企業経営者	43%	39%	11%	3%	4%
教員	5%	27%	50%	17%	1%
校長	8%	41%	41%	6%	4%
指導主事	14%	52%	27%	5%	2%

いわれるが，教科の指導だけが教育ではないはずである。たしかに校長としての業務は山積みしていると思う。それでも，校長が1週に数時間でよいから教科以外，つまり自分の人生から得た知識や，人としての知恵，それに生き様を語るために教壇に立つべきだと思う。そうすることで，共通の児童・生徒を教えることを通じて，教員が今抱えている問題も理解でき，さらに学校運営への児童・生徒ごと反応を肌で感じ取ることができると確信する。外部人材の登用という方法を述べたが，それが唯一の道というのではない。本来は教員として豊富な経験をもった人が管理職としての校長の職につくのが望ましい。現在，わが国においても管理職研修があり，校長もそれをうけるわけであるが，それはあくまでも管理職研修で，学校運営のためのトップマネジメントとしての研修ではない。今のままでは，自立した学校の学校運営を行うにあたりトップマネジメントの芽が育ちにくい現状はまことに残念である。

　校長の3番目の役割として，人事権者である点があげられる。採用，考課，異動ができない組織のトップにリーダー性を求めるのは酷である。教職員の採用にあたって慎重を期する意味で，また，校長による学校の私物化を防ぐ意味で，ISの理事会が最終決定者になるのは当然である。しかし，決定に至るまでの選考過程にあっては校長の権限を認めるべきである。また，人事考課も校長の重要権限のひとつに加えて，後に述べる給与の査定にもこれを反映させる必要がある。最後に，地方自治体からの助成金は一括予算として金額のみが決められるが，その内訳については校長に予算編成権が与えられるべきだと考える。いかにユニークな学校運営ができるかがISの重要使命となるからには，什器・備品の購入のみならず，校内外の活動予算，統一テスト対策や，その事後処理として教員OBなどの採用，校内での少人数のグループ指導，あるいは個別指導などが十分考えられる。以上の役目を遂行するにあたり，校長が校内の人材をどう使うかは校長の自由裁量にまかせ，原則的には校長が最終決定者として権限を行使することを認めるべきである。ISにおいては校長は自らの

ストラデジーをもとに学校経営に取り組み，個性ある学校を作りあげることのできる人材に限るといいたい。

また，現在の公立学校の運営を現場のトップとしてあずかっている校長に，「わが国でチャータースクールが実現すれば，自分で設立，運営してみたいと思いますか」と質問したした結果が次のとおりであった。

表をみると「ぜひしてみたい」と「前向きに考えたい」の合計で37%にもなる。

このように現在の学校運営者のかなりが，新しい学校教育の道を開くことに積極性を示していることは，単にチャータースクールの設置を待たずとも，この校長の意欲を生かす権限をより明確にすることで，公立学校は大いに活性化すると考える。

サンフランシスコのダウンタウンに位置するリーダーシップ・ハイスクールは，大通りに面し，街中の空地にプレハブの校舎を建てた高校で，運動場もない狭い校舎は定期試験を終えたばかりの生徒で溢れかえっていた。不在の校長にかわって答えてくれた，開発ディレクターのジョニー・フェルナンデス氏のインタビューから，校長職についてのコメントを引用する。

表 4-5-2 「このような新しい公立学校であるチャータースクールが日本で実現した場合，退職後，自分でチャータースクールを設立して，運営してみたいと思いますか.」

	ぜひしてみたい	前向きに考えたい	もう少し考えてから	してみようとは思わない	無回答
小学校長	7%	24%	32%	39%	0%
中学校長	11%	28%	19%	35%	7%
高校長	7%	36%	33%	20%	4%
校長平均	8%	29%	28%	31%	3%

・**教員間の全体集会はどれくらいあるのか。**

「毎週している。時間は2時間。教員の研修がその目的だ。カリキュラム学習アセスメント担当者がその企画をする。運営のための教員研修である。お茶を飲んで雑談することもあるし，Eメールを利用したりもする。仕事もスムーズにできるし，話をする必要もなく便利なのでEメールは毎日やっている。」

・**職員会議には必ず校長が出席するのか。**

「そうだ。」

・**校長の指導があるということか。また教員との関係はどうか。**

「校長は運営のすべてに関わっている。私たちは校長がどのように決定すべきか考える立場にある。しかし職員を雇用し，経営している校長のリーダーシップの重要性は大きい。」

・**今までの公立学校でも，そうか。**

「そうだ。校長はすべての意志決定を行い，指示をする。私たちは今までとは違った学校運営を追求している。スタッフが運営方針決定に参加するという点はチャータースクールの特色だ。みんなが参加できる。」

2　ISの教員

ISの設立に関しては，"改革"といった単なる部分的な改善策でなく，学校教育の革命と考えて取り組まねばならない。この学校革命は，教員の意識革命があってこそなしえることである。これまでの日本の教育改革において，この肝心な点が軽んじられてきた。むしろ，教員の意識という肝心な点をさけてきたように思えるが，こう考えるのは私だけだろうか。どんなに素晴らしい製品でも，その素晴らしさを伝えながら販売し，あとのクレームまでしっかりと処理できる人材がいなければ，その製品は世の中で認められない。まして教育についていうならば，児童・生徒や保護者からみると，学校における製品は教員

そのものである。また，教員側からみれば，その教え子こそ，その教員の責任においてつくった製品そのものである。残念ながら，学校にはすばらしい製品ばかりといえない状態が多々ある。これは遅きに失した感があるが，現在，各都道府県教育委員会において，不良品といえる教員の再教育制度が採用されつつある。しごく当然である。ISの設立は「公」によるものではない。あくまでも「民」なのである。今の公立学校システムの中で十分に自分の考えを具現化できない教員に，ISの教育に是非とも参加して欲しい。公立学校制度の大きさと歴史は，今や個人の教育への夢と希望を埋没させてしまう危険性をはらんでいる。採用試験を受ける時のあふれるような情熱も，子どもたちとともに喜び，ともに涙する生活もいつのまにか失せた教員がいかに多いことか。ISを提唱する最大の理由に，眠りかけた教員一人ひとりの魂をISによって揺り動かすことがあげられる。こうして太平の眠りから覚めて，今，自らがおかれた公教育の場で全身全霊を打ち込んで教育活動に励む教員軍団も誕生するであろう。それも喜ばしいことである。難関といわれる採用試験を合格した日本の教員たちはすばらしい素材の集まりといっても過言ではない。教員がその気にさえなれば，日本の学校が直面する教育問題の多くを解決できるに違いない。

　また，ISはこれまで教育界に身をおかなかった人や，教員免許をもたない人たちも参加できる場としたい。教員免許それだけで教育者になれるのなら，今日，日本で教育問題が多発することはなかったと思われる。どのような分野でも，一流の知識と教育にかける情熱とユニークな学校づくりに参加しうるアイディアさえあれば，ISで教員に採用する。社会経験の豊富な人であるなら，全教員の1/3程度は，あえて教員免許不所持者を採用するぐらいの柔軟性をもつ。これこそがISが公立学校と違う学校となるための必須条件である。

　サンフランシスコのリーダーシップ・ハイスクールで聞いた，ニューヨーク州の弁護士の職を捨て，開発ディレクターに就任した，ジョニー・フェルナンデス氏の教員採用と教員免許に対する考えは，学ぶことが多かった。

・この高校で，教員の採用はどのように行われているのか。

「教員の基準となるのが3つある。ひとつは教える分野での練達である。数学の教師はエンジニアであってもよい。それで優れていることだ。もうひとつは多様な生徒のニーズに応えられる能力。たとえば，当校の生徒の家庭は収入の面をみただけでも，多様だ。さらにもうひとつは同僚との協調性だ。プロとして目的に向かって一致し，協同で仕事をする。人と上手くやってゆけることが求められる。」

・話を聞くと，教員免許や教育経験は問わない，と思われるが。

「それは重要ではない。上記の目標のどれであれ，目標に向かって努力する人，目標をもっていることが重要だ。免許は大切ではないが，それを取るように勧めている。学校の教員の何％が教員免許をもっているか報告する規定があるが，比率は自分たちで決められる。チャータースクール申請時に何名の教員が教員免許を有するかは審査対象となる。」

すでに校長の項で述べたが，ISでは授業をしない中間管理職は必要ないのである。現在の公立学校では，教育者としての訓練も十分積んで，子どもたちに感動や感銘を与えることができる年齢になると，中間管理職への声がかかるという。惜しむべきことである。指導主事，教育委員会の役職，社会教育主事そして教頭と，優秀な人材が授業から外れていくのである。自立したISにおいては，組織を極力簡素化して，全員参加型の授業体制を組むのである。問題が起きてから対策会議に追われて，貴重な時間を費やすより，問題の起きない学校作りに専念すべきである。校長から新人教員に至るまで，全員が授業を通して子どもたちをみる態勢ができれば，互いの理解と協働が実現するに違いない。これこそがISの追求するところである。

3　ISの給与

努力した人，実績を残した人が報われる給与体系の採用は，ISにとっては

不可欠である。「新しい学校」づくりへの情熱に燃え，眼の前にいる子どもたちとの活動に生き甲斐を見出せる人材には，「給与は後からついてくる」を理解して欲しいものである。教育者として大成する前に，労働者としての権利意識だけを主張する人は，子どもたちの眼に「僕の先生，私の先生」と映るだろうか。まず実践ありきが教育者の条件である。

さて，教員の能力と行動に対する評価のあり方に関する調査結果をみてみよう。

さすが自信があるのか，指導主事は，「大いに賛成」に「やや賛成」を加えると実に74%が能力評価方式を支持している。残念ながら今回の調査では，「なぜ教員の給与には人事考課に基づく格差がないのか」という点について調査，研究はできなかった。調査や研究は別にして，この点はもっと話題になっても良さそうなのに，一向に声が聞かれないのは不思議である。それは良いとして，少なくともISでは，「やるべきことをやってこそ給与」の共通認識をもちたいものである。格差に見合う額は，中間管理職をはじめ全員が授業をもつことによる，人件費の削減で十分捻出できる。

ここで，学校経営会社である，エジソン社が経営するサンフランシスコ郊外の，エジソン・マクネイアー・アカデミーでのインタビュー内容を引用する。教科ディレクターであり，欠員になっている教頭職も兼務しているトッド・マッキー氏は，リードティーチヤーとして，6人の先生の指導も行っているという。

表4-5-3 「アメリカのチャータースクールでは教員に対する評価をもとに給与を決定することで能力による給与格差をみとめています．あなたはこのような評価方式が日本に導入されることについて賛成ですか．」

	大いに賛成	やや賛成	やや反対	大いに反対	無回答
教員	15%	47%	25%	10%	2%
指導主事	23%	51%	17%	4%	4%

・**教員の給与はどうか**

「エジソンは普通の学校よりも 20〜25 日間長く授業をする。授業時間も長い。それだけ教員の給与もあがることになる。年間に生徒一人あたりどれだけ予算がかかるかは州によって異なる。カリフォルニアは全米でも 2 番目に低い州である。だからこの州では教員の給与を上げるのは難しい。希望するレベルまで達しにくい訳だ。中西部，東部，南部の方がもっと高いレベルで給与を出すことができる。」

・**エジソンになると 20〜25 日余分に働くだけ給与があがったということか。**

「そうと推定される。ここでは確かにそうだと思う。」

・**実質的な手取りはどうか**

「私の給与は高くなった。」

・**どれくらいの率で。**

「70％。それは私が以前は普通の教員だったからだ。今はもっと責任がある。責任に伴って給与があがるというのがエジソンの考え方だ。今までのアメリカの公立はちがう。何年働いてきたか，どれだけクラスをもっているかで給与が決まる。エジソンでは契約について教員と交渉して決める。だから個人差が生じる。」

・**いい給与，良い先生はエジソンがどうやってきめるのか。**

「エジソンは達成責任について 5 項目を定めている。学生の達成度。これは標準テストによって測定する。親の満足度。これは親の調査によって測る。出費を最小限に抑える能力。これは決まった予算内に抑えることである。それに全米のエジソンモデルへの貢献度も 1 つの項目である。これには会議で発表したり，他の教員を招いての学校見学，インターネットを通じて貢献することなどが含まれる。エジソンはインターネット，イントラネットが充実しているので教員間で話し合いができる。もう 1 つは覚えていない。学校についてはこのようにして，全体の評価を行う。教員については 4 つのカテゴ

リーで評価する。ブループレック方式といって、基本、発展、能力、模範の分類がある。校長がこれらについて観察してゆき、その教員が契約の更新に値するか、給与を上げる、上げない、下げるのどれかに決定する。評価が高いほど給与は上がる。」

4　ISの退職金

この項を設けたのは、現職の公立学校からの転籍者に対する待遇に必要と考えたからである。繰り返していうと、ISは公立学校制度を壊すためのものではない。それはあくまで、教育、すなわち学校の多様化の実践教育機関として存在する。ISに誘発されて、巨大な公立学校組織がしだいに変化、教育界が活性化してゆくと確信している。それでは、現職教員のチャータースクールへの移籍の関心度をみてみよう。

「教えてみたい」が、本気で移籍を考えているのか、一度くらいチャレンジしてもよいくらいの軽い気持ちなのかは別にして、「新しい学校」の提唱者からみるとこの結果は喜ばしい限りである。

ISは公立学校と敵対するものでなく、互いに補完するものであることはすでに述べた。また、小回りのきく私立学校として、公立学校の運営における自主自律のモデルになれる可能性もあると考える。人材的には、民間からの教員採用が考えられるが、公立学校からの教員からの移籍も十分に可能性があるのは、このアンケート結果からも明白である。ISに出るもよし、公立学校に残

表 4-5-4　「あなたは新しい公立学校であるチャータースクールが日本でできた場合、そこで教えたいと思いますか.」

	ぜひ教えたい	前向きに考えたい	もう少し考えてから	教えたくない	無回答
教員	7%	46%	33%	12%	1%
指導主事	15%	40%	36%	6%	4%

るもよし，互いに切磋琢磨して，日本の教育のために尽くす教員の誕生を期待したい。

サンフランシスコ郊外のエリゼ・パッキンハム・チャータースクールの創立者のひとりでもあり，校長を務めるボブ・ハンプトン氏も公立学校からの移籍組である。インタビュー時の彼のコメントから，チャータースクール創立の意気込みのようなものが伝わればと思い引用する。

・なぜあなたはチャータースクールを始めたのか。その経歴は。

「自分のバックグランドは公立学校に勤めていて教師だった。20年間も教職の経験がある。だから伝統的な教育システムには精通している。いろんな生徒を指導してきた。自分は共同設立者のひとりである。また共同経営者のひとりでもある。カリフォルニアにある250のチャータースクールの内で56番目のチャータースクール認可校である。今，300ほどのチャータースクールがカリフォルニアにあるだろう。最近カリフォルニア・チャータースクール連盟（CANEC）の会長の職をおりた。これは全米最大の組織だ。今は連盟の顧問をしている。全米で教育改革について運動し，語ってきた。フロリダとアリゾナはチャータースクールに熱心な州だがカリフォルニアのチャータースクールの数は多い。生徒数もまた多い。自分はもともと改革主義者だったし，チャータースクールの考えに賛同して公立学校の外に出ることに決めた。

ここの学校の方針は3つある。ひとつは地域における学習である。生徒は地域のどこでも学べるという考えだ。だから伝統的な教室授業の必要がない。ネットでアクセスもできる。研究やフィールドリサーチ，ホームスクール，独立学習，これらを地域社会学習に組み立てることができる。どこでも学べるのだ。2つ目はキャリア・パスウェイ。職業選択訓練を行う。職を選んでワークパートナーシップ，インターンシップができる。3つ目はオンサイト・クラスである。（オンサイト学習とは，生徒がいる，どこの場所でも学

習し、また学習の機会を拡大する授業形式を指し、生徒たちは主としてコンピュータ教室のネットワークを通して学習する。）これは大学のモデルからヒントを得たものだ。生徒はたとえば月，水，金の何時間目に何の科目を取る，というふうに授業を受けて，帰ればよい。これら3つの柱を自分がよいと思う方法で選んで組み立てたらよい。こうして一人ひとりが自分の学習プログラムを作ることができる。これに高度なテクノロジーを統合する。ここのハードとソフトはシリコンバレーなみのものだ。わが校のオンサイト学習プログラムのレベルはこのように高い。これはKから始まって12にまでわたる。その中で9～12が主だ。生徒数は900人。チャータースクールとしては大きい方である。この地域のビジネスや大学とパートナーシップを組んでいる。2年目に入ると大学の単位を取り始める。高卒とともに短大卒業と同等になる。学校・親・生徒のパートナーシップが当校の教育観である。これらの3者が活躍しないといけない。親はオリエンテーションに出席すること，チームに参加するという義務がある。」

退職金の捉え方としては2点ある。①折角身分の安定した教育公務員から，場合によっては学校閉鎖になる可能性のあるISへの移籍については，その身分についての若干の保証が必要と考える。②ただし，児童生徒も同様の危険負担をしてISに入学する以上は，それなりのリスクはともに負うべきである。この2点を考慮して数式を以下に考えてみた。

$$退職時までの残余期間 \div 2 \times \frac{残余期間}{60} = 保証期間$$

なお，転籍後の中途退職もありうるので，その場合についても本人責任の部分を比較的多くした数式を作成した。

$$保証期間 \times \frac{勤務期間}{残余期間} = 支払い期間$$

なお，この保証期間の終了後および教育公務員以外の人のISへの採用ある

いは転籍については，私立学校共済組合を与えるが，解決を要する問題も多くある。ただ，転化の制度により，私立学校からISへの転化を伴う私立学校活性化を考えるならば，私立学校共済組合への加入がもっとも可能性が高いものと考える。

第6節 公費助成

1 校地・校舎

校舎については，2通りの考え方がある。その1は，すでに学校として設置されたものであり，その2は，今後ISとして設置認可を得るものである。すでに学校となっているものの内，今後ISの校舎として使用する可能性の高いものは，①統廃合によって空いた公立学校の校舎の全体，もしくは，②その一部でもよい，③私立学校が転化してISになる場合はその校舎が考えられる。これらは，すでに学校として基準をクリアたものであるから，とくに問題はないと考える。次に，それ以外で新たに確保する場合については，専修学校基準を準用とすればよいと思う。若干基準としてはゆるやかであるが，「新しい学校」の施設内容についてのアンケート結果をみてみよう。

結果からみると準用可能だと判断してよい。おおむね半数が「現在みられる施設内容を必要とする」と答えている一方で，半数は「目的に合っていれば施設内容は問わない」と答えている。

次に，施設の規模に関する調査結果をみてみよう。

この表をみると，「今よりもう少し小さくてもよい」と，「目的にかなう教育ができればどんなに小さくてよい」を合わせるとほぼ半数に達していて，「新しい学校」の広さについて，「規模は問わない」，の方に流れがあるようだ。

次に，アメリカのチャータースクールで極端に狭い校舎のケースをあげて，質問した結果をみてみよう。

表 4-6-1 「「新しい公立学校」の施設の内容について，どう思いますか。」

	現在，一般的に学校に備わっている施設や設備が必要である	教育の目的な合わせた施設だけでよい	無回答
保護者	52%	43%	5%
企業経営者	42%	52%	6%
教員	69%	27%	4%
校長	68%	28%	5%
指導主事	56%	40%	4%

　ここでも，やはり，目的に合えば広さは問わないという回答が過半数を占める。100 m² が日本のマンションの広さくらいと明示した上での反応だけに，こういった「新しい学校」への期待が現在の学校規模が必要という考えを上回ってきていると考える。いい換えると「施設より教育の中身」の考え方ができていると解釈する。

　結果からみて，既存の学校施設はもちろん，その一部でも十分，学校施設として認めていることになる。専修学校の設置基準によれば，仮に最少人数の 40 人の生徒に対しても 200 m² は必要ないので，100 m² でもよしとするアンケート結果からみて，十分に設置基準となりうるとみた。

　次に，所有権に関するのアンケート結果をみてみる。

　ここでも驚くべきことに，40%を超える人々が「自己所有しなくてもよい」と答えている。これをみて施設の広さや所有権より，教育の中身が重要視されているといえる。だからといって一気に貸借物件でよいというところまでは，結論を飛躍しないでおきたい。やはり正規の学校と位置付けるだけに，自己所有もしくは 20 年以上の貸借期間が伴うものに限定したい。アメリカのチャータースクールにおいては，生徒数の増加とともに，校舎を広くするため，移転する例がみられるが，あまり短期の貸借期間は，教育の継続性あるいは安定性

表 4-6-2 「「新しい公立学校」の施設の大きさはどれくらいが良いと思いますか.」

	今ぐらいの大きさが望ましい	もう少し小さくてもよい	目的にかなった教育ができれば,どんなに小さくてもよい	無回答
保護者	43%	20%	33%	4%
企業経営者	35%	18%	38%	9%
教員	48%	26%	20%	6%
校長	44%	30%	19%	7%
指導主事	50%	27%	16%	8%

表 4-6-3 「あなたは「新しい学校」において広さが 100 m^2（30 坪）で良いと思いますか.」

	100 m^2 で良い	100 m^2 よりも広くないといけない	目的にあってさえいれば広さは問題ではない	無回答
保護者	9%	35%	51%	6%
企業経営者	6%	27%	61%	7%

表 4-6-4 「「新しい公立学校」の施設の所有権について，どう思いますか。」

	学校が所有する物件が望ましい	賃借でもかまわない	無回答
保護者	54%	40%	6%
企業経営者	45%	49%	7%
教員	65%	31%	5%
校長	71%	25%	4%
指導主事	58%	40%	2%

からみて好ましくないと考える。

　サンフランシスコで大成功をおさめているリーダーシップ・ハイスクールでは，生徒増に伴い，校舎移転することになった。引越し準備のダンボールが山積みされた職員室で，アメリカのチャータースクールの施設と設備の投資に関するコメントを聞いたので引用する。語ったのはジョニー・フェルナンデス氏である。

・一般的な公立学校なら，設備がもっと大きいのではないか。

「そうだ。設備も大きく，多様性もそれだけある。違ったプログラムを与えている。」

・見学した範囲内が学校の施設なのか。

「これと後ろの建物の3階を使用している。そこに幾つかの教室がある。もっとも，あと2週間で引っ越すことになる。どこへ引っ越すかまだ最終決定していない。チャータースクールは自分達で場所を探さないといけないといった負担がある。校長も懸命に場所探しをしている。隣の大学は経営難で閉校しようとしているのでサンフランシスコ学校区に空いた部分を使用できるように交渉している。PRや政治的なことを通して交渉するが政治的な面で決まると思う。たとえ生徒たちの教育ということがあってもだ。」

・アリゾナチャータースクールの問題点と指摘されたのは，日常的運営費は州の補助金から出るのだが，最初の設備投資や，その拡大については，チャータースクールが自分で資金を作らないといけない点だ。

「そうだ。それはほとんどの州で共通している。チャータースクール法では資本金はチャータースクールに提供しないことになっている。建物や家賃，これらには資金が不十分なので創立者で資金集めをする。建物などに資金を出す州はわずかにあるが少ない。たぶんマサチューセッツ州だと思うが，確認しないとたしかではない。」

・公立学校がタメになっているのなら，空き校舎をチャータースクールに貸

すということはどうか。

「そう。われわれも現在そのように借りられる校舎を探す努力をしているところだ。」

・そうしないと不公平になると思うが。

「政治的には危険なことでもある。公立学校の多くはチャータースクールは脅威だと感じている。成功していない公立学校に対してチャータースクールは脅威を与えている。成功している公立学校からは生徒も先生もチャータースクールへは行かない。失敗した公立学校にとっては脅威である。親は公立かチャータースクールかどちらかを選ばなければならない。」

2　創設費助成

　アメリカのチャータースクールでは，創設費についての助成金は一切無い。あくまで設置希望者がこれを準備することになっている。ただ十分な準備資金をもたずに開校して，当初予定した通りに生徒が集まらない場合，資金不足で学校を閉鎖する事例もみられる。これが，日本の私立学校認可で，原則的に校地・校舎の自己所有が求められるゆえんであろう。

　今回の IS の校地・校舎については，既存校の施設利用を第1に考えているので，比較的安価に済むと思われる。それでも，新たに校地・校舎を探す場合を含め，新設置について 70% は都道府県が助成することとした。昨今，財源不足に悩む自治体としては，新規の建設による校舎に対する補助には慎重になると推測される。しかし，交通の便がよいところほど，都市化や少子化により，児童・生徒が激減しているので，その一部または，統廃合した校舎の無償譲渡（これは学校としての用途が修了した場合，返却することとする）もしくは長期の賃貸とすることは十分可能と考える。

　IS は本来公立学校と敵対したり，競合する学校ではない。むしろ互いに補完しあう関係にあって，教育目標や教育内容さえ既存校と完全に分離されるな

ら，一般公立学校との同居は十分に考えられる。このような場所を設置希望者が探し，かつ地方自治体が積極的に校舎の空き状態を情報公開すれば，民間による学校設置は十分可能といえよう。

　ただ，創設費の30％は設置希望者が準備するよう望みたい。どこかに空いた教室があり，無償譲渡や，長期の貸借が可能ならISをやってもよいといった安易な開校は，開校後の学校経営に支障をきたす可能性が大と考える。ISに対する夢や希望，そして期待の大きさは理解できるとしても，前述の通り，正式の学校として認可を受ける関係上，地に足がついた学校経営をすることが，設置希望者側の本来の義務と考える。何らかのリスクを覚悟せずして，事業が成功するとは考えがたい。とくに公立学校で十分に自分の居場所をみつけられない児童・生徒にとっての再出発の場所となるISは，子どもたちや親たちの熱い思いをがっちりと受けとめられるだけの教育内容，人材，施設を確保する必要がある。設置母体をNPOとしたが，これは誰でも安易に資格をとれることを考えたからでなく，認可条件を余り厳しくすると，設置認可のスタート時点でつまづく可能性があり，それを防ぐためと，あくまでも民間から湧き上がる意欲を大切にしたいという意味である。

　学校教育に伴う責任の重さを十分理解した上で設置準備に入ることを，最低条件として求めたい。NPOで記した言葉をここで再確認したい。「非営利の組織ほどマネジメント，つまり明確な目的意識とその遂行手段とのバランス・効率と公正といった基本原理などをもつことが重要である。」

　ここで，アメリカで初めてチャータースクール法を制定したミネソタ州のチャータースクール設立のための手引きをみてみると，非常に多方面からの検討と，綿密な準備が求められている。[11]

　学校としての法的立場が認められるからには，設立に携わる人たちは，その責任の重さを十分に認識する必要がある。

　私学に対する創設費補助としては，「大学令により大正10年から昭和20年

表 4-6-5　チャータースクール設立のための手引き（ミネソタ州）

分　野	内　　　容
まず最初にすべきこと	1. 状況の把握（政治，財政，要する労力，相互の関わり等）：設計チームを編成 2. 申請書の作成：同上 3. 効果的な取り組み方（資源の配分，編成の構造，独自の学習プログラム）：同上 4. 組織の展望：同上および研究チーム 5. 中核となる設立集団：任意に編成 6. 土地建物の取得：同上 7. 初期資金の準備：同上 8. 専門家との契約（法律や会計等）：同上 9. 業務計画の作成：設計チーム，研究チーム
カリキュラムの基準と評価方法の決定	10. 学習効果を期待できるカリキュラムを自らのビジョンに合わせて作成：任意に編成 11. 結果を出す責任および評価：成果の測定方法の作成：同上 12. カリキュラムの選択肢：研究チーム 13. チャーターの更新：設計チーム
学校の管理構造と組織形態	14. 組織構造：管理，運営方法等：設計チーム 15. 人事：任意 16. 学校内部の方針書の作成（財務，人事，生徒の指導，生徒の管理，入学等）：任意 17. 管理形態の発展：同上 18. 責任保険：同上 19. 他とのサービス業務契約：同上
地域社会との連絡（内外とも）	20. 世論の問題点の取り組み：同上 21. 各利益団体との交渉：同上 22. マスコミ対策：同上 23. 学校区やスポンサーとなる桟関との交渉：設計チーム，研究チーム 24. 保護者との対話：同上 25. マーケテイング：同上
規制についての注意点	26. 対象となる生徒層の検討：任意 27. 特殊教育の規定：同上

まで補助制度があった。私立大学の創設費経費または経常経費の一部を補助するもので，一大学あたり 25 万円が 10 年間（後には 16 年間）補助されていた。」[12] しかし，その後，創設費補助は行われていない。ただ，設置後の学部，学科の増設に際しては，一定の負債率以内であれば私学振興財団からの借入れの制度がある。しかし，高等学校以下の私立学校に対しては，創設費補助は過去にその例をみることがない。

3　経常経費助成

戦後の私学助成については，昭和 21 年の第 1 次米国教育使節団報告で「私立学校に対しては，授業料から得られる資金以上にある種の経済的支援が与えられなくてはならない」と述べられていて，さらに，教育刷新委員会の建議で，「最近のインフレにより危機に瀕した私学の財政的援助をすることは，教育の機会均等を図る上から極めて重要である」と述べられている。[13] さらに，憲法第 89 条と関連して，こうして私学助成に関する疑義が生じ，法令上の根拠を明確にする必要性に伴って私学助成が始まった。

そして，私立学校振興助成法（昭和 50 年）の制定により，私学助成制度が確立した。これは独自の建学の精神に基づく個性豊かな特色ある教育研究により，わが国の学校教育の普及，充実への多大な貢献に対し，その健全な発展に資することを目的としている。

種類的には，①経常的経費に対する補助を中心とした助成事業，②長期・低利の貸付事業，③税制上の優遇措置がある。このうち，今回提案する IS では，その特殊性により経常費補助率を大幅に増額する。現在の私立高等学校への補助率が 30％ に対し，IS には 70％ としたい。新たに創設される IS は，創設年度においては 100％ 公費補助，その後 5 年間は毎年 6％ ずつ減歩することとし，70％ をもって上限とする。

なお，私立学校からの転化の場合は，転化の初年度は 50％ とし，その後 5

年間は6%ずつ増歩し，同じく 70%を上限とする。私立学校の30%よりははるかに増額となるが，ISの特徴である，①公立学校を補完するユニークな教育，②教育活動，教育成果についてはモニター制度やISABによる再認可審査の内容公表の義務や，③再認可審査で，創設時の教育目的・目標に達していない場合の補助金の打ち切りと，閉校等の条件の厳守により，公費補助による活動への費用対効果は十分にあると考える。

各都道府県ともに，財政難の下で，この70%の経常費補助は大変な負担と考えられる。しかし，①荒れた公立学校の正常化への大きな助けとなる，②統廃合により空いた学校施設の再利用ができる，③正式な学校として認可することにより，公立学校で，その分だけ人的，施設の削減ができる，④教員全体の活性化など，地域社会において，「人財」の育成を果たしていける教育機関として重要な役割が期待される。「自立学校」，および公立学校の活性化は，地域発展に欠くべからざるものである点も申し添えておきたい。以上の効果を考えれば，十分に補助が可能と考える。教育委員会も含め，すべての公立学校，および研究，研修施設等の見直しの絶好の機会と考えられる。

4　会計処理

昨今，学校法人の経営状態の二極分化が進んでいる。ベビーブーム，進学率の上昇，公的助成の増加などを経て，安定した経営基礎を築いている法人もあれば，過剰な設備投資や，生徒・学生の確保が困難なため，廃校もしくは廃校の危機に直面する法人もある。他の業種に比べ，学校経営においては人件費率が高いことや，仕入れや在庫量による調整ができないので，生徒数の減少は急激な財政の悪化を招くといった特徴がある。

また，「学校法人はその設置する学校に必要な施設及び設備，又はこれらに要する資金ならびにその学校の経営に必要な財産を保有しなければならない。」（私立学校法第25条）とされている。ゆえに，学校法人会計は，学校法人に必

要な財産の維持計算を目的としている。

　学校法人の目的は，教育研究活動を永続的に行うことであり，一般企業のように利益の獲得を目的としない。もちろん収益性といった概念もない。しかし，ISに関しては，その創立時に求められる財政基盤を，これまでの私立学校の基準よりゆるやかにみており，永続的活動を可能にするためには，一般法人会計法による処理が必要だと考える。たとえば，一般企業において行われる損益分岐点の分析なども導入し，財政分析を行う必要がある。今までの私立学校を設置してきた学校法人より高い補助金となるからには，公費の意味を十分に理解し，健全な組織運営を行うべきである。学校の活動を，一般企業の製造や販売，営業に置き換えて，常日頃から十分な成果をあげる努力をするべきである。

5　ISの授業料

　ISでは，授業料を徴収する。ISは公立学校の隔離施設となるべきではなく，公立学校の多様化政策をもってしても十分に満足しない児童・生徒のための学校とする。ゆえに，入学は公立学校あるいは教育委員会からの強制力によるものではなく，あくまで本人および保護者の任意による学校選択とする。また，法的にも，今までの公立学校，私立学校に加えて，非常にユニークな教育ならびに結果について責任を課す代わりに，補助金率が高い第3の学校と位置付ける。

　これらを考えて，ISにおいては当然授業料を徴収すべきである。また，「日本型チャータースクール」が，公私協力方式による私立学校であるのに対し，公立学校と告知されたチャータースクールの授業料についての調査の集計結果をみてみることにする。

　教員の，44％近くが授業料を一切受け取らないことに「やや」あるいは「大いに」反対の意思表示をしている。チャータースクールが非常に特殊な要

表 4-6-6 「チャータースクールは学校を運営するにあたって必要な費用を国や公共団体から支払われ，生徒からは授業料を一切受け取らない.」

	大いに賛成	やや賛成	やや反対	大いに反対	無回答
保護者	33%	36%	24%	3%	5%
企業経営者	47%	42%	6%	1%	4%
教員	18%	36%	34%	10%	2%
校長	18%	31%	38%	9%	3%
指導主事	14%	32%	40%	11%	4%

望に応える学校というイメージが強いせいかもしれない。その一方で，日本青年会議所の会員である企業経営者のグループのみ，89%が授業料を一切受け取るべきでないと答えている。また，保護者も69%が受け取らないことに賛成しているが，同時に27%がこれに反対している。公立学校があるのに，あえてまた公立学校を作るとすれば，公立学校としてのチャータースクールであっても，ある程度の授業料は徴収すべき，との考えがあることがわかる。本構想におけるISは，私立学校と位置付けられ，当然，授業料は徴収することになる。

　繰り返すことになるが，①特徴のあるコース，カリキュラムの評価は，②たとえ授業料を支払っても入学する児童・生徒の数で判断でき，③学校の運営費の30%以上については授業料による収入を見込み，④常に財務的にも健全な経営を目指す，のがISである。

　教育の多様化が，教育費の増大を招くのは当然である。受益者負担の考え方を，公教育の場にも導入することは十分可能である。学校教育は国公私立を問わず，そこで使われる公費に対して見合った成果をあげているというものの，学校側でも常に自己評価することを忘れてはならない。

第7節 「日本型チャータースクール」の構想

基本コンセプト	「日本型チャータースクール」は公私協力による私立学校とする。
総　　　　称	インディペンデントスクール（「自立学校」を意味する　略称IS）。
設立の目的	①教育委員会から自立した学校運営。 ②自立した人間を育てるユニークな教育の実践。 ③自ら思考・決断し，責任のとれる自立した教員の集合体。
設置母体	①学校法人または第3セクター方式のNPO。 ②管理・運営機能をもった理事会をNPO内に設置する。 ③理事会は学校の管理運営体として，以下に述べる資格審査委員会に対して，学校と共同で責任を負う。 ④監事2名は，理事会により選任される。
校　　　区	①特に設けない。 ②但し，児童・生徒の通学時間は小学生は50分・中学生は60分程度をめどとする。
認可機関	①独立したインディペンデントスクール資格審査委員会（Independent School Accreditation Board, 略称ISAB）を，日本全国を8分割した地域ごとに設置する。8分割は，高等裁判所の担当区域と同じにする。 ②審査委員は専任とし，さまざまな分野における専門家により編成する。 ③教育成果のみならず，経営面も重視する意味で一般企業の管理職経験者や公認会計士を審査委員に加える。 ④ISABにISの設置母体である理事会（認可までは設立準備委員会）がISの設置を申請し，ISABはその内容を審査して，ISとして認可する。審査は以下に述べる方法により行う。
認可条件	①学校の教育目的・目標 ②教育成果の到達目標 ③開校後3カ年の収支予測
転　　　化	①既存の私立学校からの転化を認める。
モニター制度	①ISの自立性を高め，教育活動の品質を互いに評価するモニター制度を設ける。

	② モニターは他の3校のISの理事に委嘱し，1チーム3名で編成する。 ③ 各ISは年に1回モニターチームの視察を受け，結果を学校内に公表する。 ④ 定期的に保護者へ授業を公開する場を設ける。 ⑤ 授業公開は教員採用時の必須合意条件と定める。
再認可審査	① ISABが認可時の条件である，教育目標の達成度および財務状況について審査を行う。 ② 統一テストなどの数値をもとにした審査に加えて，教員，生徒，保護者への聞き取りも行う。 ③ 各ISは3年以内に中間審査を受け，申請時の目標に対する達成度を審査される。こうして2年後に行う本審査までの改善点の指摘を行う。 ④ 本審査は5年目終了時に行う。 ⑤ 本審査はその結果を公表する。
認可取消し	① 再認可審査により，継続してISを運営するだけの成果なしと判断された場合は，ISの認可は取消される。 ② 取消し通知後，最初の学年末において学校は閉鎖する。
教育目標開示	① ISは入学にあたり児童・生徒，保護者に教育目標を発表することを義務付ける。
入学	① 学校選択は児童・生徒，保護者の100％の自由意思による。 ② 教育委員会や公立学校からの指導的転校は行わない。 ③ 学校の教育方針，目標などを十分理解するための機会を設ける。
カリキュラム	① 原則的に，学習指導要領を基本に置くが，ミニマムスタンダードとする。 ② その具体的な内容においては，校長の裁量権の範囲を大幅に拡大する。 ③ 最終的決定および責任は理事会とする。
教材	① 原則的に，文部科学省検定済教科書の内容を基本に置く ② 多様な副教材の作成，使用を認める。 ③ その具体的な内容においては，校長に大幅な裁量権を認める。 ④ 最終的決定および責任は理事会とする。
評価法	① ISABの主催でIS通学者を対象とする統一テストを行う。 ② これはランキングを示すためのテストではなく，生徒の目標に対しての習熟度を計ることを目的とする。

第4章 「日本型チャータースクール」の構想　189

③統一テストのレベルは3段階とし，受験にあたっては生徒及び保護者の意見を重視した上で生徒本人がテストのレベルを最終決定し，年頭初にISABにこれを届け出る。
④習熟度が目標に達していない場合は，生徒と保護者そして学校が共同で責任を負うこととし，各ISの定める方法で対処する。

校　　　　長　①理事会により採用される。
②校長については教員免許は不要とすることができる。
③校長の役目は，指揮者，教育者，人事権者の3点を中心とする。
④校長も必ず授業を担当する。
⑤任期は，ISが新設の場合は6年とする。これはISABによる評価結果の判明と「同期間」にあたる。
⑥その後は任期を5年とする。
⑦再任は制限されない。

教　　　　員　①校長が推薦する人について理事会が審議し，教員として採用する。
②教員免許不所持者も，教員全体の1/3を上限として採用できる。

給　　　　与　①各ISが独自に給与規定を作成する。
②職能給の導入もISの規定による。

退　職　金　①ISを公立学校の対抗馬として位置付けるのではなく，まったく「新しい学校」とみなして，公立学校教員からの転職も奨励する。転職による退職金の大幅な減額を防ぐとともに，チャレンジする意味からは多少の減額を覚悟する。教員以外の公務員もこれに準ずる。
（ア）公務員から転職の場合の退職金保証期間

$$\text{退職時までの残余期間} \div 2 \times \frac{\text{残余期間}}{60} = \text{保障期間}$$

（イ）ISの就職後，途中退職の場合

$$\text{保証期間} \times \frac{\text{勤務期間}}{\text{残余期間}} = \text{支払い期間}$$

②この保証期間内は，公務員共済組合に継続加入することができる。
③保証期間終了後は，その時点で退職金支給相当額を公務員共済組合より，私立学校共済組合へ振り替える。
④公務員からの転職の場合以外は，当初より私立学校共済組合に加入する。

校地校舎　①すでに設置されている公立学校や私立学校の校舎を活用する。

とくに，統廃合や少子化により余裕の出来たものは，民間に積極的に情報提供をする。
②現存する学校の1部を利用することも可とする。
③①，②以外の場合には専修学校（私立学校法64条）の設置基準を適用する。

創設費助成　①校地・校舎などについて地方自治体が提供できる部分は積極的に助成する。
②設置申請者の負担分については，その1/2までは申請者による借り入れを認める。
③校地・校舎の提供を受けたものは，ISの運営を終了した場合は，その時点で創設費の負担者である都道府県に返還する。
④ISの運営期間中に増加した資産は運用財産とし，終了時にはNPO内で精算する。

公費助成　①経常経費の70％を公費による助成とすることを目標とする。
②新設時においては，100％の助成からスタートし，それ以降は70％まで減額される。
③私立学校からの転化の場合は50％（現状は平均30％）からスタートし，それ以降は70％まで増額される。

寄付金控除　①学校教育法第1条の学校と同等の扱いとする。
会計処理　①企業会計法を適用する。
授業料　①基本的には経常経費の30％をもって在校生授業料の総額とする。
②私立学校からの転化の場合は当初経常経費の50％をもって在校生授業料の総額とする。公費負担の増額とともに，授業料は減額する。

注

1) 下村哲夫『学校は変えられる』国土社，1989年，p.50
2) 電通総研編『NPOとはなにか』日本経済新聞社，1996年，p.35
3) 電通総研編『NPOとはなにか』日本経済新聞社，1996年，p.34
4) 電通総研編『NPOとはなにか』日本経済新聞社，1996年，p.24
5) 電通総研編『NPOとはなにか』日本経済新聞社，1996年，p.23
6) 『教育アンケート調査年鑑』創育社，2000年
7) 『教育アンケート調査年鑑』創育社，2000年

8) 『教育アンケート調査年鑑』創育社,2000 年
9) 天野正輝『教育方法の探究』晃洋書房,1995 年,p. 80
10) 天野正輝『教育方法の探究』晃洋書房,1995 年,p. 70
11) Philip Hallinger, *Chartar Schools Problem-Based Learning Project,* Instructor Edition, North Central Regional Educational Laboratory, 1999.
12) 杉長敬治『私学助成の実務』学校法人経理研究会,1993 年,p. 4
13) 杉長敬治『私学助成の実務』学校法人経理研究会,1993 年,p. 4

参考文献

天野郁夫（1995）『日本の教育システム』東京大学出版会
天野郁夫（1995）『教育改革のゆくえ　自由化と個性化を求めて』東京大学出版会
天野正輝（1995）『教育方法の探求』晃洋書房
大野裕己（2000）「アメリカにおける学校と企業のパートナーシップの展開とその変容」アメリカ教育学会編『アメリカ教育学会紀要』第11号
大野達郎（1998）「アメリカ現代教育改革から何を学ぶか―高校長の立場から―」アメリカ教育学会編『アメリカ教育学会紀要』第9号
大橋博（2000）「民間資金の活用と民間委託」『週間教育資料』No 677
小川正人編（1998）「地方教育行政の改革と学校管理職」教育開発研究所
河上亮一（2000）『教育改革国民会議で何が論じられたか』草思社
木村匡（1987）『森先生伝』大空社
『教育アンケート調査年鑑』（2000）創育社
黒崎勲（1998）「選択制度による学校改革」佐伯半・黒崎勲・佐藤学・田中孝彦・浜田寿美男・藤田英典編『学校像の模索』岩波書店
黒崎勲（1998）「教育の政治経済学」佐伯半・黒崎勲・佐藤学・田中孝彦・浜田寿美男・藤田英典編『教育の政治経済学』岩波書店
黒崎勲（2000）『教育の市場化・民営化と教育行政…―規制された市場と学校選択…―』日本教育行政学会年報　26号
佐々木司（1996）「CSに関する研究」アメリカ教育学会編『アメリカ教育学会紀要』第7号
笹森健編（1996）『〈資料〉わが国の教育行政―その推移と背景―』酒井書店
定金整司（1997）『米国の公教育改革とCS』自治体国際化協会
監査法人サンワ事務所編（1986）『学校法人の財務分析　日本私学振興財団考案の財務比率を中心として』第一法規出版
自治体国際化協会（1997）『米国の公教育改革とチャータースクール…公教育の選択・分権・民営化…―』
下村哲夫（1989）『学校は変えられる』国土社
ジョー・ネイサン（大沼安史訳）（1997）『チャータースクール―あなたも公立学校が創れる　アメリカの教育改革』一光社
杉長敬治（1993）『私学助成の実務―その仕組みと現状―』学校法人経理研究会
椙山正弘（1998）「アメリカにおける教育改革の一つのモデルとしてのオープン・

CS」アメリカ教育学会編『アメリカ教育学会紀要』第9号
高橋史朗（1995）『検証戦後教育　日本人も知らなかった戦後五十年の原点』広池出版
田中弥生（1999）『「NPO」幻想と現実　それは本当に人々を幸福にしているのだろうか？』同友館
田原宏人（1998）「教育改革と市場原理」佐伯胖・黒崎勲・佐藤学・田中孝彦・浜田寿美男・藤田英典編『教育の政治経済学』岩波書店
電通総研編（1996）『民間非営利組織 NPO とは何か　社会サービスの新しいあり方』日本経済新聞社
中島千恵（1998）「教育の中央統制とコントロール　―CS のスポンサーの分析を通して―」日本教育行政学会編『日本教育行政学会年報』第 24 号
中留武昭（1999）『学校経営の改革戦略―日米の比較経営文化論―』玉川大学出版部
ナニワ監査法人編（1980）『公益法人の会計と税務　五訂版』清文社
西尾豊作（1987）『子爵田中不二麻呂伝』大空社
二宮陪ほか編（1995）『教育の制度と経営　教育法規を中心として』福村出版
日本教育政策学会（1998）「教育改革と教育政策研究」『日本教育政策学会年報』第 5 号
日本子どもを救う会編（2000）『子ども白書 2000』
原田実（1966）『森有礼』牧書店
藤田英典（1998）「岐路に立つ学校―学校像の再検討―」佐伯胖・黒崎勲・佐藤学・田中孝彦・浜田寿美男・藤田英典編『学校像の模索』岩波書店
藤田英典（1998）「学校選択か学校づくりか―学校再生の可能性―」佐伯胖・黒崎勲・佐藤学・田中孝彦・浜田寿美男・藤田英典編『学校像の模索』岩波書店
本図愛実（1998）「学校選択に関する原理的研究―アメリカの学校選択制における市場的要因を中心として―」日本教育行政学会編『日本教育行政会年報』第 24 号
湯藤定宗（1997）「ミネソタ州における CS の普及状況に関する一考察」『アメリカ教育学会紀要』第 8 号
湯藤定宗（1997）「CS の自律的経営に関する一考察―ミネソタ州 PACT CS を事例として―」『広島大学教育学部紀要第一部（教育学）第 46 号』
湯藤定宗（1998）「CS における自律性に関する一考察」『広島大学教育学部紀要第一部（教育学）』第 47 号
臨時教育審議会（1988）『教育改革に関する答申』大倉省印刷局
Becker, H. and others, 1995, *Parent Involvement Contracts in California's Charter*

　　　　Schools : Strategy for Educational Improvement or Method of Exclusion? Southeast Regional Lab.
Canadian Teachers' Federation, 1997, *Behind the Charter School Myths*.
Bierlein, L. A., Mulholland L. A., 1994, *Comparing Charter School Laws : The Issue of Autonomy,* Morrison Institute for Public Policy.
Hallinger, Philip, 1999, *Charter Schools Problem-Based Learning Project, Instructor Edition,* North Central Regional Educational Laboratory.
Sconyers, N., 1996, *What Parent Want : A report on Parents' Opinions about Public Schools,* Office of Educational Research and Improvement.
The State of Charter Schools, 2000, *Fourth Year Report*, 2000 , Office of Educational Research and Improvement U. S. Department of Education.

資料1 NPO
(Non Profit Organization
日本語訳　特定非営利活動)

1. NPOは2種類のタイプに分けられる。
   ① 会員奉仕型NPO―メンバーシップ制
   ② 公共奉仕型NPO―公共財的なサービスを不特定多数に供給
2. NPOの要件
   ① 公式に設立されたもの（Formal Organization）
      →ある程度組織化されたもの。1度きりの集まりなどはこれに含めない。
   ② 非政府性（Non governmental）
      →基本的に，政府，役人の統制下にあるものではなく，民間の機関であること。
   ③ 非営利配分（Non profit distributing）
      →活動が利益を生んでも構わないが，人件費，活動費など活動に必要なことに再投資されなければならない。→民間企業と非営利組織との違い。
   ④ 自主管理（自治原則）（Self-governing）
      →組織内部に管理機能をもっていること。外部団体によって管理されることはない。
   ⑤ 自発性（voluntaryな要素あり）
      →活動，業務のマネージメントにおいて有志による自発的な参加を含む。
   ⑥ 特定のメンバーだけにサービスを提供するものではない。(of public benefic)
      →公共の利益に奉仕し，寄与するもの。（政党，宗教団体を除く【非党派性】）
3. NPO 12の分野
   ① 保健，医療または福祉の増進を図る活動
   ② 社会教育の推進を図る活動
   ③ まちづくりの推進を図る活動
   ④ 文化，芸術またはスポーツの振興を図る活動
   ⑤ 環境の保全を図る活動
   ⑥ 災害救援活動
   ⑦ 地域安全活動
   ⑧ 人権の擁護または平和の推進を図る活動
   ⑨ 国際協力の活動

⑩　男女共同参画社会の形成の促進を図る活動
⑪　子どもの健全育成を図る活動
⑫　全各号に掲げる活動を行う団体の運営または活動に関する連絡
＊　⑫に独立学校設置ならびに運営を追加する必要があると考えられる。

資料2　この研究のために実施した3つの調査の質問紙

「高校についてのアンケート」（高校生用）
「公立学校の教育に関するアンケート」（保護者用）
「公立学校の教育についてのアンケート」（教員用）

高校についてのアンケート

（高校生用）

　このアンケートでは学校について皆さんがいつも考えていることを、そのまま書いてください。皆さんの回答は秘密にさせていただきます。ご協力よろしくお願いします。

1. あなたは今，高校何年生ですか。
　　　　　　高校 _____ 年生
2. つぎのどちらかに○をつけてください。
　　　　a．男　　　　b．女
3. あなたの住んでいるところ：
　　　　a．神戸市 _____ 区
　　　　b．_____ 市（神戸市以外の場合）
　　　　c．_____ 郡 _____ 町

〈あなたの通っている高校について〉

質問1．あなたの通っている高校について質問します。それぞれの質問で、自分の考えにあっていると思うものに、○をつけてください。

1.1 みんなにわけへだてなく、公平な先生が多い。
　　　a．とてもそう思う　　　　b．多少そう思う
　　　c．あまりそう思わない　　d．ほとんどそう思わない
1.2 生徒の気持ちを分かってくれる先生が多い。
　　　a．とてもそう思う　　　　b．多少そう思う
　　　c．あまりそう思わない　　d．ほとんどそう思わない
1.3 自分が授業を理解しているかどうかをよくわかってくれている先生が多い。
　　　a．とてもそう思う　　　　b．多少そう思う
　　　c．あまりそう思わない　　d．ほとんどそう思わない
1.4 先生が自分に注意したり叱ったりする言葉は、なるほどそうだと思うことが多い。
　　　a．とてもそう思う　　　　b．多少そう思う
　　　c．あまりそう思わない　　d．ほとんどそう思わない
1.5 興味がわく授業が多い。
　　　a．とてもそう思う　　　　b．多少そう思う
　　　c．あまりそう思わない　　d．ほとんどそう思わない

1.6　自分の学力が伸びたと思う科目が多い。
　　　a．とてもそう思う　　　　b．多少そう思う
　　　c．あまりそう思わない　　d．ほとんどそう思わない
1.7　興味がわく教科書や教材が多い。
　　　a．とてもそう思う　　　　b．多少そう思う
　　　c．あまりそう思わない　　d．ほとんどそう思わない
1.8　学校で，自分の興味のあることをじっくり学ぶ機会がある。
　　　a．とてもそう思う　　　　b．多少そう思う
　　　c．あまりそう思わない　　d．ほとんどそう思わない
1.9　先生は，自分の気持ちや状況をよく考えて生活の指導をしてくれる。
　　　a．とてもそう思う　　　　b．多少そう思う
　　　c．あまりそう思わない　　d．ほとんどそう思わない
1.10　先生と自分の保護者は，お互いによく話しあっていて，自分（私）のことを理解してくれている。
　　　a．とてもそう思う　　　　b．多少そう思う
　　　c．あまりそう思わない　　d．ほとんどそう思わない

質問2．学校生活は楽しいですか。
　　　a．とても楽しい　　　　　b．まあまあ楽しい
　　　c．あまり楽しくない　　　d．全然楽しくない

質問3．次の内から，学校生活で「楽しいもの」に，すべて○を付けてください。
　　　a．友だち　　b．上級生　c．先生　　　　　d．授業
　　　e．休み時間　f．弁当　　g．そうじの時間　h．クラブ・部活動
　　　i．運動会などの行事　　　j．係や委員会の活動　k．その他

質問4．次の内から，学校生活で「楽しくないもの」に，すべて○を付けてください。
　　　a．友だち　　b．上級生　c．先生　　　　　d．授業
　　　e．休み時間　f．弁当　　g．そうじの時間　h．クラブ・部活動
　　　i．運動会などの行事　　　j．係や委員会の活動　k．その他

質問5．授業はよくわかりますか。
　　　a．よくわかる科目が多い　　b．よくわからない科目が多い

質問6．授業が分からない理由は次のどれだと思いますか。次の中から授業が分からない理由と思うものは，すべて○を付けてください。
　　　a．先生の説明が分からない
　　　b．自分の学力レベルにあった授業をしていない
　　　c．予習や復習をしていないから

　　　　　d．授業で他の生徒がやかましい
　　　　　e．その他（　　　　　　　　　　　　　　　　　　　）
質問7．クラスの人数について
　7.1　今のクラスの生徒数は何人ですか。
　7.2　クラスの生徒数は何人ぐらいがよいと思いますか。
　　　　　a．今ぐらいでよい　　　b．（　　　　）人ぐらいがよい
質問8．学校全体の生徒の人数について
　8.1　今の学校の生徒数は何人ですか　　（　　　　　）人
　8.2　学校の生徒数は何人ぐらいがよいと思いますか。
　　　　　a．今ぐらいがよい　　　b．（　　　　）人ぐらいがよい
質問9．授業の科目は自分でもっと選べるようにしたほうがよいですか。
　　　　　a．もっと選べたほうがよい　　　b．今のままでよい

〈いじめについて〉
質問10．あなたの学校ではいじめがあると思いますか。
　　　　　a．たくさんあると思う　　　b．少しあると思う
　　　　　c．ほとんどないと思う　　　d．まったくないと思う
質問11．次の内からいじめが増える原因と思うものに，すべて○を付けてください。
　　　　　a．いじめられた生徒が相手に何も言わないから
　　　　　b．いじめられても，先生など，人に何も言わないから
　　　　　c．いじめが起こっても，他の生徒が何も言わず，助けたりしないから
　　　　　d．いじめが起こっても，先生がいじめた生徒と話し合ったり，指導しないから
　　　　　e．日頃，いじめは悪いことだと先生が教えないから
　　　　　f．大人がいじめは悪いことだと話したりしないから
　　　　　g．クラスでみんなが，日頃いじめはよくないと話し合わないから
　　　　　h．その他（　　　　　　　　　　　　　　　　　　　）
質問12．次の内から，いじめを減らすことができると思うものに，すべて○を付けてください。
　　　　　a．いじめが起こったら，他の生徒が助ける
　　　　　b．いじめが起こったら，先生が生徒と話し合ったり，指導する
　　　　　c．日頃，いじめは悪いことだと先生が教える
　　　　　d．おとながいじめは悪いことだと教えたり，言ったりする
　　　　　e．クラスでみんなが，日頃いじめはよくないと話し合う

　　　　f．その他（　　　　　　　　　　　　　　　　　　　　　）
質問13．いじめはこれから増えると思いますか。それとも減ると思いますか。
　　　　a．大変増えると思う　　　b．やや増えると思う
　　　　c．やや減ると思う　　　　d．かなり減ると思う

〈不登校について〉
質問14．あなたのクラスには不登校の人がいますか。
　　　　　a．いる　（　　　　　　人いる）　　b．いない
質問15．これから不登校が増える原因になると思うものに，すべて○を付けてください。
　　　　a．学校の勉強が嫌いな生徒が増えるから
　　　　b．学校が楽しくないから
　　　　c．学校でいじめが増えるから
　　　　d．先生が嫌いだから
　　　　e．クラスの生徒が嫌いだから
　　　　f．親が学校の勉強などで，プレッシャーをかけるから
　　　　g．自分がしたいことが学校以外にあるから
　　　　h．生徒が学校を休まないように先生が指導しないから
　　　　i．クラスのみんなで学校を休まないように話し合わないから
　　　　j．学校へ行かなくなっても，先生があまりかまわないから
　　　　k．学校に行かない生徒や友達がいると，自分も行きたくないと考えるから
　　　　l．その他（　　　　　　　　　　　　　　　　　　　　　）
質問16．次に不登校を減らすことができると思うものに，すって○を付けてください。
　　　　a．学校を休まないように先生が話す
　　　　b．先生がクラスを楽しくする
　　　　c．クラスのみんなで学校を休まないように話し合う
　　　　d．いじめが起こらないように，先生が日頃から教える
　　　　e．クラスのみんなでいじめをしないように話し合う
　　　　f．学校に行くように，親が子どもと話し合う
　　　　g．授業が分からない生徒に，先生が分かるように指導する
　　　　h．休んでいる生徒には友達がさそいに行く
　　　　i．その他（　　　　　　　　　　　　　　　　　　　　　）
質問17．あなたは不登校はこれから増えると思いますか，それとも減ると思いますか。

　　　　　a．かなり増えると思う　　　b．やや増えると思う
　　　　　c．やや減ると思う　　　　　d．かなり減ると思う

〈校内暴力について〉
質問18．あなたの学校には暴力をふるう生徒がいますか。
　　　　　a．いる　　　　b．いない
質問19．次の内から学校の暴力が増える理由と思うものに，すべて○を付けてください。
　　　　　a．先生が暴力は悪いことだと教えないから
　　　　　b．クラスのみんなで暴力は悪いことだと話し合わないから
　　　　　c．親が暴力はいけないと日頃から教えないから
　　　　　d．おとなが暴力は悪いことだと話さないから
　　　　　e．暴力をふるっても，先生が生徒と話したり，指導しないから
　　　　　f．暴力をふるっても，クラスの生徒がとめないから
　　　　　g．学校でいらいらすることが多いから
　　　　　h．テレビや映画で暴力をふるう内容のものが多いから
　　　　　i．その他（　　　　　　　　　　　　　　　　　　　　　）
質問20．次の内から学校での暴力を減らすことができると思うものに，すべて○を付けてください。
　　　　　a．先生が暴力は悪いことだと教える
　　　　　b．クラスのみんなで暴力は悪いことだと話し合う
　　　　　c．おとなが暴力は悪いことだと，もっと教える
　　　　　d．暴力をふるったら，先生が生徒と話したり，指導をする
　　　　　e．学校を楽しい場にする
　　　　　f．暴力をふるったら，クラスの生徒がとめるようにする
　　　　　g．親が暴力はいけないと日頃から教える
　　　　　h．その他（　　　　　　　　　　　　　　　　　　　　　）
質問21．生徒の暴力はこれから増えると思いますか，それとも減ると思いますか。
　　　　　a．かなり増えると思う　　　b．やや増えると思う
　　　　　c．やや減ると思う　　　　　d．かなり減ると思う

〈学級崩壊について〉
質問22．あなたの学校では先生が生徒を注意し続けなければならなくて，授業が成り立たなくなること（学級崩壊）がありますか。
　　　　　a．よくあると思う　　　　　b．たまにあると思う

         c．あまりないと思う　　　d．まったくないと思う
質問23．次の内から学級崩壊が増える原因と思うものに，すべて○をつけてください。
　　　　a．教室で生徒が守るべき生活のルールを先生が教えていないから
　　　　b．生徒が授業を乱しても，先生が生徒と話したり，指導しないから
　　　　c．親が子どもに守るべき生活のルールを教えていないから
　　　　d．授業が面白くなく，退屈だから
　　　　e．生徒が授業を乱しても，他の生徒が何も言わないから
　　　　f．大人が生活のルールを守らなくても何も言わないから
　　　　g．大人が日頃から生活のルールを守るように，教えたり，話しあったりしないから
　　　　h．学校で守るべき生活のルールについてクラスのみんなで話し合わないから
　　　　i．その他（　　　　　　　　　　　　　　　　　　　　　　　）
質問24．次の内から学級崩壊を減らすことができると思うものに，すべて○をつけてください。
　　　　a．教室で生徒が守るべき生活のルールを先生が教える
　　　　b．生徒が授業を乱せば，先生が生徒と話したり，指導する
　　　　c．親が子どもに守るべき生活のルールを教える
　　　　d．先生が生活や授業を楽しくする
　　　　e．学校で生徒が守るべき生活のルールについて，クラスのみんなで話し合う
　　　　f．大人が日頃から生活のルールを守るように教えたり，話す
　　　　g．その他（　　　　　　　　　　　　　　　　　　　　　　　）
質問25．学級崩壊はこれから増えると思いますか，それとも減ると思いますか。
　　　　a．かなり増えると思う　　　b．やや増えると思う
　　　　c．やや減ると思う　　　　　d．かなり減ると思う

〈「こんな学校があったらいい」と思う学校について考えてみましょう〉
質問26．あなたが通っている高校は，変えたらよいと思う部分がありますか。
　　　　a．たくさんあると思う　　　b．多少あると思う
　　　　c．あまりないと思う　　　　d．ほとんどないと思う
質問27．学校のどんなところがよくなったらよいと思いますか。よいと思うものにすべて○をつけてください。
　　　　a．校則　　b．運動会などの学校行事　　c．授業内容　　d．1日の時間割

　　　　e．年間の通学日数　　f．教科書と教材　　g．先生　　h．友だち
　　　　i．給食・お弁当　　j．部活動　　k．施設や設備
　　　　l．その他（　　　　　　　　　　　　　　　　　　　　　　　）

質問28．「こんな学校があったらいい」と思う学校について，次の質問であなたの考えをあらわしているものに○をつけて下さい。

28.1　それぞれの学年で，学習の進み具合によってクラスを分ける。
　　　　a．とても賛成　　b．やや賛成　　c．やや反対　　d．とても反対
28.2　科目ごとに，学習の進み具合でクラス分けする。
　　　　a．とても賛成　　b．やや賛成　　c．やや反対　　d．とても反対
28.3　中学校と高校が一つとなった6年制の学校ができることについて。
　　　　a．とても賛成　　b．やや賛成　　c．やや反対　　d．とても反対
28.4　授業の内容によってクラスを大きなグループや小さなグループに分ける。
　　　　a．とても賛成　　b．やや賛成　　c．やや反対　　d．とても反対
28.5　授業の内容によって，いくつかのクラスを合わせて，何人かの先生が教える。
　　　　a．とても賛成　　b．やや賛成　　c．やや反対　　d．とても反対
28.6　生徒が担任の先生を選べるようにする。
　　　　a．とても賛成　　b．やや賛成　　c．やや反対　　d．とても反対
28.7　学年をなくして，さまざまな年令の生徒が同じクラスで勉強する。
　　　　a．とても賛成　　b．やや賛成　　c．やや反対　　d．とても反対
28.8　保護者や地域に住む人が自分の得意な授業をする。
　　　　a．とても賛成　　b．やや賛成　　c．やや反対　　d．とても反対

質問29．アメリカにはひとつの学校の生徒数が100人ぐらいの高校があります。あなたはこんな学校ができたら，通ってみたいと思いますか。
　　　　a．通ってみたい　　b．通いたくない

質問30．29で「通ってみたい」と答えた人は，なぜ通ってみたいと思いますか。
　　　a．先生と話をしたり，勉強をみてもらう機会がふえるから。
　　　b．先生や生徒との距離が近くなり，コミュニケーションができるから。
　　　c．自分の「存在感」を感じることができるから。
　　　d．落ち着いて勉強や生活ができるから。
　　　e．その他（　　　　　　　　　　　　　　　　　　　　　　　）

質問31．29で「通いたくない」と答えた人は，なぜそう思いますか。
　　　a．クラスの友人と合わないとき，いくところがなくなるから。
　　　b．学校でいろいろな人に会えないから。
　　　c．小さい学校だと設備が十分でないと思うから。

　　　　d．部活動や運動会などの行事が盛り上がらないから．
　　　　e．その他（　　　　　　　　　　　　　　　　　　　）
質問32．あなたは学校の全生徒数が100人については，どう思いますか．
　　　　a．100人でよい　　　b．100人では少なすぎる
質問33．32でbと答えた人は，どれくらいの生徒数が良いと思いますか．
　　　　a．100人以上200人未満　　b．200人以上400人未満
　　　　c．400人以上600人未満　　d．600人以上800人未満
　　　　e．800人以上1000人未満　　f．1000人以上

　　　　　　　　　　　ご協力ありがとうございました

公立学校の教育に関するアンケート

【保護者用】

　この度は私どものアンケート調査にご協力いただき，誠にありがとうございます。このアンケートは日本の教育をよくするよう，みんなで考えるための資料となります。お答えいただいた内容は統計的に処理され，個人の考えなどが公表されることは決してありません。皆様が日頃，教育について考えておられることが，そのままアンケートに表れるようにご回答下さい。

> 　なお，このアンケートは公立の小・中・高等学校に通っているお子さまをお持ちの方にお願いしています。お子さまが小学校と中学校，中学校と高校のように2つ以上の学校に通っておられる場合は，2枚ご記入していただくか，年齢が上のお子さまの通っている学校についてご回答ください。なお，小1と小3のように，同じ学校内に2人以上のお子さまが通っておられる場合は，1通だけご回答ください。ご回答は黒のボールペンか万年筆でお願いいたします。

あなたのお子さまの通っている学校と学年をご記入ください。
（a．小学校　　b．中学校　　c．高等学校）　　　　　　＿＿＿＿＿年生

公立学校と教育改革に関するアンケート

1. 性別：男・女
2. あなたの年令（どれか該当するものに○を付けてください）
　　a．20代　b．30代　c．40代　d．50代　e．60代　f．70代以上
　現在の小，中，高校の公立学校の教育について考えてみましょう
質問1　あなたは現在の小，中，高校の公立学校の教育についてどう思いますか。次の内から自分の考えに当てはまると思うものに○を付けて下さい。
　　a．とても良い　b．やや良い　c．やや良くない　d．とても良くない
質問2　現在の小，中，高校の公立学校の教育について，以下のそれぞれの内で自分の考えに当てはまると思うものに○を付けてください。
　2.1　親にとって学校での教育参加の機会は　　a．十分ある　　b．不十分である
　2.2　学校の教育の目標や成果について学校から親に十分な説明が
　　　　a．なされている　　　　b．なされていない
　2.3　学校では生徒の個性を伸ばす教育を　　a．している　　b．していない
　2.4　学校では生徒の自主性を　a．大切にしている　　b．大切にしていない

2.5 国語，算数（数学），英語，理科，社会にかけている授業時間数は
　　 a．多すぎる　　　　　b．少なすぎる
2.6 学校の設備は　　a．十分　　b．不十分
2.7 教科書は生徒のレベルに　　a．あっている　　b．あっていない
2.8 生徒や親の気持ちを十分理解している教師が　　a．多い　　b．少ない
2.9 生徒の指導力が十分ある教師が　　a．多い　　b．少ない
2.10 学校でしつけや豊かな心を育てる教育を　　a．している　　b．していない
2.11 人間的な魅力がある教師が　　a．多い　　b．少ない
2.12 生徒の力を十分伸ばす教師が　　a．多い　　b．少ない
2.13 生徒にあった生活指導をしている教師が　　a．多い　　b．少ない
2.14 生徒にあった進路指導をしている教師が　　a．多い　　b．少ない
2.15 校長先生や教頭先生など管理職に十分，リーダーシップが
　　 a．あると思う　　　　b．あると思わない
2.16 生徒の学力や目標など，それぞれの違いを考えて，個人個人にあった教育を
　　 a．している　　　　b．していない
2.17 学校と地域社会の間で十分な交流が
　　 a．なされている　　b．なされていない
2.18 自分の行きたい公立の小・中学校を選べない現在制度は
　　 a．このままでよい　　　b．変えた方がよい
2.19 現在，学校は土曜日が隔週で休みになっていますが，土曜日を毎週休みにすることには
　　 a．賛成　　　　b．反対

質問3　あなたは次のそれぞれの問題がこれから増えると思いますか，それとも減ると思いますか。自分の考えに当てはまると思うものに○を付けてください
3.1 不登校　　a．大変増える　　b．やや増える　　c．やや減る　　d．かなり減る
3.2 いじめ　　a．大変増える　　b．やや増える　　c．やや減る　　d．かなり減る
3.3 非行や暴力行為　　a．大変増える　　b．やや増える　　c．やや減る
　　 d．かなり減る
3.4 学級崩壊　　a．大変増える　　b．やや増える　　c．やや減る　　d．かなり減る
3.5 高校中退　　a．大変増える　　b．やや増える　　c．やや減る　　d．かなり減る

質問4　あなたは今後，小，中，高校の公立学校の教育が良くなると思いますか，それとも悪くなると思いますか。次の内から自分の考えに当てはまると思うものに○を付けて下さい。
　　 a．とても良くなる　　b．やや良くなる　　c．やや悪くなる　　d．とても悪くなる

質問5　4でaまたはbに丸を付けた人は，公立学校の教育が「良くなる」と考えた理由に○を付けてください。（複数回答可）
    a．文部科学省を初め，国が教育の問題に取り組んでいるから
    b．学校が教育の問題に取り組んでいるから
    c．マスコミが教育問題を取り上げているから
    d．学校の教職員が教育の問題に取り組んでいるから
    e．親が子どもの教育の問題に取り組んでいるから
    f．教育専門家や学識経験者が指導しているから
    g．地域社会が教育の問題に取り組んでいるから
    h．その他（具体的に記述してください：＿＿＿＿＿＿＿＿＿＿＿＿＿＿＿
＿＿＿＿＿＿＿＿＿＿＿＿＿＿＿＿＿＿＿＿＿＿＿＿＿＿＿＿＿＿＿＿＿＿＿）

質問6　4でcまたはdに○を付けた人は，公立学校の教育が「悪くなる」と考えた理由に○を付けてください。（複数回答可）
    a．文部科学省を初めとする，国による教育への取り組みに問題があるから
    b．学校による教育への取り組みに問題があるから
    c．マスコミによる教育の取り上げ方に問題があるから
    d．学校の教職員による教育への取り組みに問題があるから
    e．子どもに対する親の教育に問題があるから
    f．教育専門家や学識経験者による教育への指導に問題があるから
    g．地域社会の教育への配慮や取り組みに問題があるから
    h．その他（具体的に記述してください：＿＿＿＿＿＿＿＿＿＿＿＿＿＿＿
＿＿＿＿＿＿＿＿＿＿＿＿＿＿＿＿＿＿＿＿＿＿＿＿＿＿＿＿＿＿＿＿＿＿＿）

教育の改善に向けて設置された機関について

質問7　次のそれぞれは教育の改善に向けて国が設置した機関です。あなたはこれらについて，どの程度の知識がありますか。次の内からどれか自分の考えに当てはまると思うものに○を付けてください。
  7.1　臨時教育審議会（臨教審）
    a．目的や内容について，良く知っていた
    b．目的や内容について，やや知っていた
    c．目的や内容について知識がなく，名前を聞いた程度
    d．名前も覚えていない
  7.2　中央教育審議会（中教審）
    a．目的や内容について，良く知っている

        b. 目的や内容について，やや知っている
        c. 目的や内容について知識がなく，名前を聞いた程度
        d. 名前も覚えていない
    7.3 教育改革国民会議
        a. 目的や内容について，良く知っている
        b. 目的や内容について，やや知っている
        c. 目的や内容について知識がなく，名前を聞いた程度
        d. 名前も覚えていない
質問8 次のそれぞれの教育についての会議や審議会について，あなたの「期待度」はどれくらいですか。次の内から自分の考えに当てはまると思うものに○を付けてください。
    8.1 今後の教育のあり方について総理大臣に提言する機関として総理府において設置されている「教育改革国民会議」について
        a. とても期待する   b. やや期待する
        c. あまり期待しない   d. ほとんど期待しない
    8.2 今後の教育のあり方について文部科学大臣に提言する機関として文部省において設置され，現在17期目にある「中央教育審議会（中教審)」について
        a. とても期待する   b. やや期待する
        c. あまり期待しない   d. ほとんど期待しない

「新しい公立学校」を作ることについて考えてみましょう

質問9 皆さんと一緒に，今までと違った「新しい公立学校」を作ることについて考えたいと思います。以下のそれぞれの質問で，あなたの考えにあっていると思うものに○を付けてください。
    9.1 「新しい公立学校」の運営者について，どう思いますか。
        a. 従来通り学校関係者に限るのがよい
        b. 学校関係者以外の人々も参加するのがよい
    9.2 9.1でbと答えた方は，次の内から学校運営に参加したらよいと思う人すべてに○をつけてください。
        a. 保護者   b. 元教員   c. 地域の人々
        d. 大学教官等の学識経験者   e. 会社の管理職や経営者
        f. マスコミ等で取り上げられる有名人
        g. その他（具体的に記述してください。＿＿＿＿＿＿＿＿＿＿＿＿＿＿
＿＿＿＿＿＿＿＿＿＿＿＿＿＿＿＿＿＿＿＿＿＿＿＿＿＿＿＿＿＿＿＿）

9.3 学校運営の責任者である校長を教員以外の外部の人々から選ぶことについて，どう思いますか。
  a．とてもよいと思う   b．少しよいと思う
  c．あまり，よくないと思う d．とてもよくないと思う

9.4 あなたは保護者という立場で学校運営に参加することについて，どう思いますか。
  a．運営の中心的役割を果たす理事会などがあればそのメンバーとして参加したい
  b．意見を述べる程度なら参加する
  c．意見を述べずに出席する程度なら参加する
  d．参加したくない

9.5 「新しい公立学校」における教育内容の決定方法について，次のどれが良いと思いますか。
  a．現在のように，学習指導要領等の規定により決めているので良い
  b．ある程度の規定は適用されるが，学校の事情に合わせて決められる部分もあるようにするのが良い
  c．規定を定めずに，学校が独自に教育内容を決めるのが良い

9.6 「新しい公立学校」において，入学段階で教育目標を生徒や保護者に知らせるようにすることについて，どう思いますか。
  a．知らせる必要がある b．必要がない

9.7 学年のはじめにその年度の教育目標を知らせることについて，どう思いますか。
  a．知らせる必要がある b．必要がない

9.8 学年の終りに教育目標の達成度の報告をすることについて，どう思いますか。
  a．知らせる必要がある b．必要がない

9.9 現在，あなたのお子さまの学級の生徒数は何人ですか。
    （   ）人

9.10 あなたは１学級の生徒数はどれくらいが良いと思いますか。
    （   ）人

9.11 あなたは１日の授業時間数を今よりも増やした方が良いと思いますか，それとも減らした方が良いと思いますか。
  a．増やした方が良い b．減らした方が良い

9.12 「新しい公立学校」の施設の大きさはどれくらいが良いと思いますか。
  a．今ぐらいの大きさが望ましい b．もう少し小さくてもよい

c．目的にかなった教育ができれば，どんなに小さくてもよい
9.13　「新しい公立学校」の施設の所有権について，どう思いますか。
　　　a．学校が所有する物件が望ましい　　　b．賃借でもかまわない
9.14　「新しい公立学校」の施設の内容について，どう思いますか。
　　　a．現在，一般的に学校に備わっている施設や設備が必要である
　　　b．教育の目的に合わせた施設だけでよい
9.15　「新しい公立学校」の施設や設備に関して，基準を定めた法律を適用することについて，どう思いますか。
　　　a．今までどおり，法の規制を適用するのがよい
　　　b．法の適用をもっとゆるめたほうがよい
　　　c．衛生と安全が保たれれば，法の規制は必要ない
9.16　個人や民間の団体が学校設立の申請をし，教育委員会等の認可を得て学校を作り，その運営費を国や県，市町村等が出す「新しい公立学校」について，どう思いますか。
　　　a．大いに賛成　b．やや賛成　　c．やや反対　　d．大いに反対
9.17　認可した教育委員会等がこの「新しい公立学校」の運営について，学校設立時の教育目標に達していないと判断した場合，学校を閉鎖することについて，どう思いますか。
　　　a．大いに賛成　　b．やや賛成　　c．やや反対　　d．大いに反対

アメリカのチャータースクールについて

質問10　現在，アメリカには新しい公立学校であるチャータースクールがあります。以下にその主な特徴を述べます。それぞれを読んで，自分の考えに当てはまると思うものに○を付けてください。
　10.1　親や生徒は地元の公立学校と幾つかのチャータースクールの中から自分がよいと思うものを選ぶことができる。
　　　　a．大いに賛成　　b．やや賛成　　c．やや反対　　d．大いに反対
　10.2　チャータースクールの学校運営にあたっては行政上の規制をほとんど受けず，それぞれの学校で自主的に良いと思う教育の方法を決めて実践することができる。
　　　　a．大いに賛成　　b．やや賛成　　c．やや反対　　d．大いに反対
　10.3　チャータースクールの設立を希望する個人や団体は誰でも申請し，教育委員会などの審査を受けて，公立学校として認可を得ることができる。
　　　　a．大いに賛成　　b．やや賛成　　c．やや反対　　d．大いに反対

10.4 チャータースクールは生徒への教育結果についての責任を負い，保護者や生徒に対して説明の義務を負う。
  a．大いに賛成　b．やや賛成　c．やや反対　d．大いに反対
10.5 生徒の保護者はチャータースクールの教育に参加する機会を与えられていて，時には参加義務もある。
  a．大いに賛成　b．やや賛成　c．やや反対　d．大いに反対
10.6 チャータースクールとしての認可を受けて一定期間（例えば5年）後に学校は認可申請時に約束した教育成果について評価を受け，その責任を果たしていないと判断された場合は，許可を取り消される。
  a．大いに賛成　b．やや賛成　c．やや反対　d．大いに反対
10.7 チャータースクールは学校を運営するにあたって必要な費用を国や公共団体から支払われ，生徒からは授業料を一切受け取らない。
  a．大いに賛成　b．やや賛成　c．やや反対　d．大いに反対

質問11 あなたはこのような新しい公立学校であるチャータースクールが日本で出来た場合，あなたのお子様を通わせたいと思いますか。次の内から自分の考えに当てはまるものに○をつけてください。
  a．ぜひ通わせたい　　　b．前向きに考えたい
  c．もう少し考えてから　d．通わせたくない

質問12 アメリカのチャータースクールには全生徒数が20人で，広さが$100 m^2$（30坪）という学校もあります。これについて以下の質問にお答えください。

12.1 あなたは「新しい公立学校」の全生徒数が20人とすれば，どう思いますか。
  a．20人でも良い　　b．20人では少なすぎる
12.2 12.1でbと答えた方は，どれくらいの生徒数が良いと思いますか。
  a．20人以上50人まで　　　b．50人以上100人まで
  c．100人以上300人まで　　d．300人以上500人まで
  e．500人以上
12.3 学校の広さについて，あなたは「新しい学校」において$100 m^2$（30坪）で良いと思いますか。
  a．$100 m^2$で良い　b．$100 m^2$よりも広くないといけない
  c．目的にあってさえいれば，広さは問題ではない
12.4 12.3でbと答えた方は，どれくらいの広さが良いと思いますか。（注：一般に学校の1教室の広さは$60 m^2$です。）
  a．$100 m^2$から$300 m^2$（5教室分の広さ）まで
  b．$300 m^2$から$600 m^2$（10教室分の広さ）まで

c. 600 m² から 1,200 m²（20 教室分の広さ）まで
d. 1,200 m² 以上

　　　　　　　　　　　ご協力，ありがとうございました。

公立学校の教育についてのアンケート

（教員用）

このアンケートの調査にご協力いただき，ありがとうございます。

この調査は研究資料としてご協力を依頼するものであり，個人および個々の学校の回答用紙は集計が終わりしだい，処分させていただきます。

お願い

―回答は黒のボールペン又は万年筆で記入して下さい―

性　　別	a．男	b．女
年　　齢	a．20代　　　b．30代 c．40代　　　d．50代	
あなたの勤務している学校の種類	a．小学校　　b．中学校 c．高校　　　d．その他（　　　）	
教職経験年数	年	

〈あなたの学校の教育について〉

以下の質問ではあなたの勤務しておられる学校についてお聞きします。それぞれの回答欄で該当するものに○を記入してください。

質問番号	質問項目	とてもそう思う	ややそう思う	どちらでもない	あまりそう思わない	ほとんどそう思わない
1	学校の教育全般について，良いと思われますか。					
2	親にとって学校での教育参加の機会が多くあると思いますか。					
3	教育の目標や成果について，学校から親に十分な説明がなされていると思いますか					
4	生徒の個性を伸ばす教育がなされていると思いますか。					

質問番号	質問項目	とてもそう思う	ややそう思う	どちらでもない	あまりそう思わない	ほとんどそう思わない
5	生徒の自主性を大切にした教育がなされていると思いますか。					
6	国語, 算数 (数学), 英語, 理科, 社会にかけている授業時間数は適当だと思いますか。					
7	学校の設備は十分だと思いますか。					
8	教科書は全体に生徒のレベルにあっていると思いますか。					
9	豊かな心を育てる教育がなされていると思いますか。					
10	学校では生徒の学力が十分伸ばされていると思いますか。					
11	生徒にあった適切な生活指導がなされていると思いますか。					
12	生徒にあった適切な進路指導がなされていると思いますか。					
13	個々の生徒の能力や適性を考えた指導がなされていると思いますか。					
14	学校と地域社会の間で交流がなされていると思いますか。					
15	教員間でコミュニケーションが円滑にできていると思いますか。					
16	学校運営に教職員の意見が, よく反映されていると思いますか。					

質問番号	質問項目	とてもそう思う	ややそう思う	どちらでもない	あまりそう思わない	ほとんどそう思わない
17	校内研修は教員にとって有益だと思いますか。					
18	校外研修（教育研修所や社会体験等の研修）は教員にとって有益だと思いますか。					
19	意欲的に仕事に取り組めていますか。					
20	生徒や親が公立の小・中学校を選べない現在の制度はこのままで良いと思いますか					
21	不登校はこれから増えると思いますか。					
22	いじめはこれから増えると思いますか。					
23	非行や暴力行為はこれから増えると思いますか。					
24	学級崩壊はこれから増えると思いますか。					
25	高校における中退については，これから増えると思いますか。					
26	生徒の活動や体験を重視した教育・活動の展開が大切だと思いますか。					
27	学社融合（学校教育と社会教育の一体化）の事業をこれからの学校教育の中に取り入れることが大切だと思いますか。					

質問番号	質問項目	とてもそう思う	ややそう思う	どちらでもない	あまりそう思わない	ほとんどそう思わない
28	これからの教育に生涯学習の視点（例えば学校歴よりも学習歴を重視する）が必要だと思いますか。					
29	今，我が国で進められようとしている教育改革について，その必要性を感じますか。					
30	あなたは今後，学校の教育が良くなると思いますか。					

教育の改善に向けて設置された機関について

31 次のそれぞれは教育の改善に向けて国が設置した機関です。あなたはこれらについて，どの程度の知識がありますか。
  31.1 臨時教育審議会（臨教審）
    a．目的や内容について，良く知っていた
    b．目的や内容について，やや知っていた
    c．目的や内容について知識がなく，名前を聞いた程度
    d．名前も覚えていない
  31.2 中央教育審議会（中教審）
    a．目的や内容について，良く知っている
    b．目的や内容について，やや知っている
    c．目的や内容について知識がなく，名前を聞いた程度
    d．名前も覚えていない
  31.3 教育改革国民会議
    a．目的や内容について，良く知っている
    b．目的や内容について，やや知っている
    c．目的や内容について知識がなく，名前を聞いた程度
    d．名前も覚えていない

32 次のそれぞれの教育についての会議や審議会について，あなたの「期待度」はどれくらいですか。

32.1 今後の教育のあり方について総理大臣に提言する機関として総理府において設置されている「教育改革国民会議」について
　　a．とても期待する　　　b．やや期待する
　　c．あまり期待しない　　d．ほとんど期待しない

32.2 今後の教育のあり方について文部科学大臣に提言する機関として文部科学省において設置され，現在17期日にある「中央教育審議会（中教審）」について
　　a．とても期待する　　　b．やや期待する
　　c．あまり期待しない　　d．ほとんど期待しない

<「新しい公立学校」を作ることについて考えてみましょう>

皆さんと一緒に，今までと違った「新しい公立学校」を作ることについて考えたいと思います。以下のそれぞれの質問で，あなたの考えにあっていると思うものに○を付けてください。

33 「新しい公立学校」の運営者について，どう思いますか。
　　a．従来通り学校関係者に限るのがよい
　　b．学校関係者以外の人々も参加するのがよい

34 33でbと答えた方は，次の内から学校運営に参加したらよいと思う人すべてに○をつけてください。
　　a．保護者　　　　b．元教員　　　　c．地域の人々
　　d．大学教官等の学識経験者　　　e．会社の管理職や経営者
　　f．マスコミ等で取り上げられる有名人
　　g．その他（具体的に記述してください。＿＿＿＿＿＿＿＿＿＿＿＿＿＿
　　＿＿＿＿＿＿＿＿＿＿＿＿＿＿＿＿＿＿＿＿＿＿＿＿＿＿＿＿＿＿＿）

35 学校運営の責任者である校長を教員以外の外部の人々から選ぶことについて，どう思いますか。
　　a．とてもよいと思う　　　　b．少しよいと思う
　　c．あまりよくないと思う　　d．とてもよくないと思う

36 あなたが保護者ならば，学校運営に参加することについて，どう思いますか。
　　a．運営の中心的役割を果たす理事会などがあればそのメンバーとして参加したい
　　b．意見を述べる程度なら参加する
　　c．意見を述べずに出席する程度なら参加する
　　d．参加したくない

37 「新しい公立学校」における教育内容の決定方法について，次のどれが良いと思

いますか。
　　　a．現在のように，学習指導要領等の規定により決めているので良い
　　　b．ある程度の規定は適用されるが，学校の事情に合わせて決められる部分もあるようにするのが良い
　　　c．規定を定めずに，学校が独自に教育内容を決めるのが良い
38　「新しい公立学校」において，入学段階で教育目標を生徒や保護者に知らせるようにすることについて，どう思いますか。
　　　a．知らせる必要がある　　　　b．必要がない
39　学年のはじめにその年度の教育目標を知らせることについて，どう思いますか。
　　　a．知らせる必要がある　　　　b．必要がない
40　学年の終りに教育目標の達成度の報告をすることについて，どう思いますか。
　　　a．知らせる必要がある　　　　b．必要がない
41　現在，あなたの学級の生徒数は何人ですか。
　　　　　　　（　　　　　）人
42　あなたは1学級の生徒数はどれくらいが良いと思いますか。
　　　　　　　（　　　　　）人
43　あなたは1日の授業時間数を今よりも増やした方が良いと思いますか，それとも減らした方が良いと思いますか。
　　　a．増やした方が良い　　　　b．減らした方が良い
44　「新しい公立学校」の施設の大きさはどれくらいが良いと思いますか。
　　　a．今ぐらいの大きさが望ましい　　　b．もう少し小さくても良い
　　　c．目的にかなった教育ができれば，どんなに小さくても良い
45　「新しい公立学校」の施設の所有権について，どう思いますか。
　　　a．学校が所有する物件が望ましい　　　b．賃借でもかまわない
46　「新しい公立学校」の施設の内容について，どう思いますか。
　　　a．現在，一般的に学校に備わっている施設や設備が必要である
　　　b．教育の目的に合わせた施設だけでよい
47　「新しい公立学校」の施設や設備に関して，基準を定めた法律を適用することについて，どう思いますか。
　　　a．今までどおり，法の規制を適用するのが良い
　　　b．法の適用をもっとゆるめたほうが良い
　　　c．衛生と安全が保たれれば，法の規制は必要ない
48　個人や民間の団体が学校設立の申請をし，教育委員会等の認可を得て学校を作り，その運営費を国や県，市町村等が出す「新しい公立学校」について，どう思いますか。

a．大いに賛成　　b．やや賛成　　c．やや反対　　d．大いに反対
49　認可した教育委員会等がこの「新しい公立学校」の運営について，学校設立時の教育目標に達していないと判断した場合，学校を閉鎖することについて，どう思いますか。
　　a．大いに賛成　　b．やや賛成　　c．やや反対　　d．大いに反対

〈アメリカのチャータースクールについてのご意見をお聞かせください〉

　現在，アメリカには新しい公立学校であるチャータースクールがあります。ミネソタ州で1991年にチャータースクールが認可されました。1999年9月の時点では36の州とワシントンDCにおいてチャータースクール法が制定され，その学校数は全米で1,689，在籍生徒数は433,797人となっています。以下の質問文はチャータースクールの主な特徴を述べたものです。それぞれを読んで，賛否をお答えください。

50　チャータースクールの学校運営にあたっては行政上の規制をほとんど受けず，それぞれの学校で自主的に良いと思う教育の方法を決めて実践することができる。
　　a．大いに賛成　　b．やや賛成　　c．やや反対　　d．大いに反対
51　チャータースクールの設立を希望する個人や団体は誰でも申請し，教育委員会などで教育の目的，方法，期待される教育結果等の審査を受けて，公立学校として認可を得ることができる。
　　a．大いに賛成　　b．やや賛成　　c．やや反対　　d．大いに反対
52　チャータースクールは生徒への教育結果についての責任を負い，保護者や生徒に対して説明の義務を負う。
　　a．大いに賛成　　b．やや賛成　　c．やや反対　　d．大いに反対
53　生徒の保護者はチャータースクールの教育に参加する機会を与えられていて，時には参加義務もある。
　　a．大いに賛成　　b．やや賛成　　c．やや反対　　d．大いに反対
54　チャータースクールとしての認可を受けて一定期間（例えば5年）後に学校は認可申請時に約束した教育成果について評価を受け，その責任を果たしていないと判断された場合は，認可を取り消される。
　　a．大いに賛成　　b．やや賛成　　c．やや反対　　d．大いに反対
55　チャータースクールは学校を運営するにあたって必要な費用を国や公共団体から支払われ，生徒からは授業料を一切受け取らない。
　　a．大いに賛成　　b．やや賛成　　c．やや反対　　d．大いに反対
56　親や生徒は地元の公立学校と幾つかのチャータースクールの中から自分がよいと思うものを選ぶことができる。
　　a．大いに賛成　　b．やや賛成　　c．やや反対　　d．大いに反対

57 あなたはこのような新しい公立学校であるチャータースクールが日本で出来た場合，あなたのお子様を通わせたいと思いますか。
　　a．ぜひ通わせたい　　　　b．前向きに考えたい
　　c．もう少し考えてから　　d．通わせたくない
58 あなたはこのような新しい公立学校であるチャータースクールが日本で出来た場合，そこで教えたいと思いますか。
　　a．ぜひ教えたい　　　　　b．前向きに考えたい
　　c．もう少し考えてから　　d．教えたくない
59 アメリカのチャータースクールでは教師に対する評価をもとに給与を決定することで能力による給与格差を認めています。あなたはこのような評価方式が日本に導入されることに賛成ですか。
　　a．大いに賛成　　b．やや賛成　　c．やや反対　　d．大いに反対

　　　　　　　　　　　　　　　　　ご協力ありがとうございました

あとがき

　『民間活力の導入と公立学校改革に関する調査研究―「日本型チャータースクール」の実現を目指して―』の研究のため，渡米してから早や5年が経ちました。

　渡米前の日本国内における調査において，予想していたとはいえ，公立学校に対する各関係者の意識は，「多くの点で，早急に改善を求める」とのまとめとなり，教育に携わる者としては傾聴に値するものでした。それから5年，果たしてどれほど改善されたのでしょうか。

　また，父母や企業経営者のみならず，現に公立学校に在職する人たちの中にもアメリカのチャータースクールに似た日本型への要望も多くありました。実現するなら，自分も参加してみたいとの積極的な考えの人々もありました。あの公立学校への民間活力の導入の意欲は衰えていないのでしょうか。こんなことを考える日々が続いています。

　私がこの研究をはじめることになったアメリカにおけるチャータースクールはまだ成長を続けています。私が研究地域として選んだカリフォルニア州においても同様です。

　チャータースクールは，1993年には31校でしたが，翌94年には倍増し60校に，7年後の2000年にはついに300校になり，その後も増加し続け，最新の資料によると，2005年には574校と急激に増えています。12年間で18.5倍になりました。

　わが国において，チャータースクールが注目された時にも，「面白いけどいつまで増えるか，いつまで続くか」と批判的視点でみられたこともありました

が，発祥の地のアメリカでは衰えてはいません。

　さて，この間の日本の教育界における民間活力の導入は，どうなっているでしょうか。確かにいくつかの分野での導入実績はみられますが，「本格的」とか「画期的」などと表現されるレベルとは到底いえないのではないでしょうか。この日米間の違いは，国家の形成時の違いにもよると考えられると思います。

　「100％民間活力」で建国されたアメリカでは，その後の諸制度の確立から運営まで常に民間活力が重要視されてきました。そのような風土のなかから誕生したチャータースクールは，教育改革の一翼を担うものとして，根強い支持者があるのでしょう。しかし，捉え方によっては，日本の近代国家の始まりともいえる明治維新も，ある意味では若者たちの民間活力が起爆剤になったといえます。

　しかし，そこから生じた明治政府は，「官優位，公主導」型を取り，その後今日まで140年近くは官公主導がますます強くなったとも考えられます。当然のことながら，教育も公立が中心で，納税に対する反対給付のような形で義務教育も充実しました。現在の教育の改革も，やはり公教育，すなわち「公」がやってくれることを期待する風潮が強いことが日米の違いかも知れません。

　こうしたなかで，日本の省庁の改変が民間への権限委譲と謳われているようですが，果たして本当にそうでしょうか。第3セクター方式に類するような形では，真の民間活力の活用とはいえないと思います。

　私も本書の出版をもって一区切りとするのではなく，公立学校の改革における民活が「真の意味の民活」であるのかを，精査することを継続してゆきたいと意を強くしています。

　最後になりましたが，本書の出版に際し，企画から編集までいろいろとお世話くださいました学文社の田中千津子社長をはじめ編集部の方々に心から感謝の意を表します。

　　2006年7月

　　　　　　　　　　　　　　　　　　　　　　　　　　大橋　　博

索　引

あ行

IS　124, 134-135, 137-140, 142, 144, 149, 166, 169-170, 175, 181, 183, 186
　――のカリキュラム　155, 157
　――の給与　170
　――の教育　149
　――の教員　169
　――の教材　160
　――の授業料　185
　――の人事　164
　――の退職金　173
　――の取消し　145
　――の入学　150
　――の認可　136
　――の評価法　161
　――への転化　141
新しい学校　37-38, 67-68, 76, 84-85, 96, 121-123, 130, 144, 147, 164, 171, 173, 178
新しい公立学校　75-76, 84, 95, 122, 124, 131, 137, 146-147, 156, 177-178
アメリカ型教育制度　4
アメリカ教育使節団　4
アメリカの教育改革　13, 21-22
いじめ　11, 37-38, 51, 53, 56, 58-59, 61, 116
インターンシップ　174
インディペンデントスクール　124, 126-127, 136, 187
運営費　92, 122, 124
　――補助　121-122
AFT（アメリカ教育連合）　18
エジソン・カンパニー　143
エスカレーター一式学校　9
NPO　129-130, 181, 195

オンサイト学習　174

か行

核家族化　13
学習指導要領　80, 89, 155
学習塾　27
学習進度　69-72
学制　1-2, 29
学級崩壊　37-38, 54-55, 57-58, 61, 63, 65-66, 116
学校運営　76, 80, 85, 88-89, 94, 100, 102, 131, 153
学校運営者　94, 99
学校教育参加　106
学校教育法　4, 127
学校行事　48, 68-69
学校施設　82, 91, 94-95
　――規模　78, 87
学校生活　43, 48-49, 51, 74
学校設置　124
学校設立　83
学校選択　14
学校選択性　18
学校の開放　79, 84
学校の設備　92
学校法人　126
過保護　9
カリキュラム　182, 188
カリフォルニア州　147
カリフォルニア・チャータースクール連盟（CANEC）　174
官僚主義　21
企業経営者　33-34, 38, 55, 65, 75, 94, 104-105, 112, 117, 119-120
キャリア・パスウェイ　174

給食	69
給与	189
教育委員会	122, 124
教育委員会法	4-5
教育改革	2, 26, 59, 118-119
教育改革国民会議	12
教育基本法	4
教育研究全国集会	7
教育刷新委員会	4
教育手法	15
教育勅語	4
教育内容	86
教育の顧客	28-29, 123
教育バウチャー	14, 18-19
教育ママ	9
教育目標	77, 79-80, 86, 88, 94
教育令	2-3
教育を変える17の提案	27
教員	18, 34, 38, 59, 65, 84, 105, 117, 118-120
教科書	46-47, 69
教研集会	7
教師像	68, 93
教師としての倫理綱領	7
行政の規制	106
強制バス	14
近代教育制度	1
近隣学校	14
クラブ・部活動	48-50, 68-69
君臣父子	3
経常経費助成	183
広域通信制高等学校	27
高学歴志向社会	8
高学歴社会	8
公教育改革	39
公共投資予算	21
校区	132, 135, 187
高校中退	37-38, 57-58, 61, 63, 65-66
公私協力学校	127
公私協力方式	121, 140
校則	68-69, 93
校地校舎	189
校長	35, 38, 59, 65, 76, 79, 84-85, 94-95, 105, 117-120, 164-165, 189
校内暴力	37-38
公費助成	176, 190
公立学校	72, 93, 100, 110
公立学校改革	41, 123
顧客	28-29, 123
国際学力テスト	25
コミュニティ・スクール	27

さ 行

再審査	107
再認可審査	145, 188
佐々木司	22
サラモン, L.M.	129
JC	33-34
CS	17-19, 22-23, 27, 30, 37, 39, 96, 107-108, 123, 150, 158
CS法	16, 23
自己改革	114, 121
自己評価	163
指導主事	36, 59, 65, 84, 95, 105, 112, 117-120, 171
児童	68
師範学校令	4
社会教育力の衰退	13
シャンカー, A.	18
自由化論	11
自由教育令	3, 5
習熟度別到達度	162
集団授業方式	21
住民	71, 73
自由民権運動	3
住民公選制	6
授業	42-43, 48, 50
授業内容	68-69, 72, 93
シュタイナー, R.	15
首長任命制	6

小学校令	4	地方教育財政の組織および運営に関する法律	6
少子化	13	地方分権型	3
少子社会	9	チャーター	17-18
少年非行	114	チャータースクール	16, 19, 39, 67, 96-97, 99-107, 109-113, 122-123, 126, 138, 142-143, 146-148, 151-152, 158-159, 167, 171, 173-175, 177, 179-181, 185-186
私立学校振興助成法	183		
私立学校法	126		
自立学校	184		
自立した学校	125		
仁義忠孝	3		
新制高等学校	5	チャータースクール設立	182
新制大学	5	中央教育審議会	11
新制中学校	5	中央集権型	3
スコニヤー, N.	23	中教審	11, 26
生活指導		忠君愛国精神	4
生徒	68	ディビッド・マレー	3
——の個性	120	転化	183, 187
——の自主性	120	伝統的公立学校	18
生徒間暴力	114	東京都品川区	67, 132, 134
青年会議所（JC）	33-34	登校拒否	24
政令改正諮問委員会	5	統制教育	11
設置母体	187	独立学習	174

な 行

専修学校	27		
総合的な学習の時間	157		
創設費助成	180, 190	日本型チャータースクール(CS)	23, 26, 27, 30, 96, 114, 121, 124, 127, 187
創設費補助	121		
		日本教育行政学会年報	40

た 行

		日本教職員組合	7
第1セクター	127-128	認可	79, 83, 88, 92, 100, 106-107, 109, 187-188
対教員暴力	114		
第3セクター	128	認可更新	107
第3セクター方式	127, 129-130	年間通学日数	69
退職金	189		

は 行

第2セクター	128		
田中不二麻呂	2, 5	バーレーン, L.A.	23
単線型	5	バウチャー制	15, 24
担任	71-72	藩校	1
地域社会	182	非行	56, 61, 63, 65-66
地域社会学習	174	PTA	33
小さい学校	75	評価法	188
地方教育行政法	6	兵庫教育大学大学院	28

標準偏差	73
学校	75, 84, 94, 131
フィールドリサーチ	174
複線型	5
富国強兵策	3
不登校	24, 37-38, 52-53, 56, 58-59, 61, 65-66, 116
フリードマン, M.	24
ブループレック方式	173
ブロンクス科学学校	15
ベッカー, H.	23
偏差値	9
ヘンリー・ハドソン	17
暴力	52, 54, 56, 61, 65-66, 114-115
保護者	34, 38, 47, 55, 65, 71, 73, 75-77, 85-86, 94, 99, 104-105, 112, 117, 119-120
ポスト福祉国家政策	24
ホームスクーリング	18-19
ホームスクール	174
翻訳教科書	2

━━━━━ ま 行 ━━━━━

マイノリティ	14, 16
マグネット・スクール	15-16, 18-19, 24
マグネット・プログラム	15
ミニマムスタンダード	160
ミネソタ州	16, 39, 121, 181-182
民営化	39
民間委託	39
民費負担	2
明治維新	1
森有礼	2, 4, 6
問題行動	45
モンテッソーリ, M.	15

━━━━━ や 行 ━━━━━

ゆとり	158

━━━━━ ら 行 ━━━━━

理事会	94, 130
臨時教育審議会（臨教審）	10, 12, 39
レイ・バッド	17-18

━━━━━ わ 行 ━━━━━

輪切り型志望校指定	9
ワークパートナーシップ	174

著者紹介

大橋　博（おおはし・ひろし）

関西大学法学部法律学科卒
兵庫教育大学大学院学校教育研究科学校教育専攻修了（学校教育学修士）
21歳（大学4年の4月）に4人の中学1年生を教えたときから、40年間常に社会的教育問題と対座してきた。
現在、学校法人創志学園、財団法人こども教育支援財団、New Zealand政府認可International Pacific College（大学・大学院）の各理事長、愛媛女子短期大学学長、同済大学外国語学院（上海）、大連外国語学院の名誉教授を務める。

民活と教育改革

2006年7月20日　第一版第一刷発行

著　者　大　橋　　博
発行者　田　中　千　津　子
発行所　株式会社　学　文　社

〒153-0064　東京都目黒区下目黒3-6-1
電話 03(3715)1501代・振替 00130-9-98842

© 2006 OHASHI Hiroshi　Printed in Japan
（乱丁・落丁の場合は本社でお取替します）　検印省略
（定価は売上カード，カバーに表示）　印刷／中央印刷
ISBN 4-7620-1578-4